新津春子

年をかさねてしあわせになる手帖

清潔な暮らしは1枚のタオルからはじまる

朝日新聞出版

はじめに

おはようございます！

私は、仕事場である羽田空港に着くといつも、心の中で大きくあいさつします。

空港にいらっしゃるすべてのお客さまにとって、いい一日でありますように。

そんな思いを込めています。


私は、中国残留日本人孤児の子どもとして、中国の瀋陽で生まれ育ちました。そして、17歳のときに、家族と一緒に日本にやってきました。

子どものころの記憶は、決して楽しいことばかりではありません。

中国にいたころは、「日本に帰れ」と言われて、いじめられました。

日本にきてからも、言葉が通じないためにいろんな悔しい思いをしました。

日本で売っているかわいい洋服を買うために、清掃の仕事をはじめました。仕事をやりはじめると、できなかったことがひとつずつできるようになっていくのがうれしくて、たくさん勉強しました。次第にこの仕事が私の居場所になっていきました。

上達することに夢中だった私に、「清掃はやさしさ」と教えてくれたのは、上司だった鈴木優常務です。

鈴木常務は、私がどんなにがんばっても、一度も褒めてくれませんでした。「もっと心を込めなさい」と言うばかり。

どうしてだろう。何が足りないんだろう。悩んでいた私に、鈴木常務はこう言いました。

「心に余裕がなければ、いい清掃はできませんよ」

あなたはきれいに清掃をしてそれで満足かもしれませんが、お客さまはどう思っているかな？　お客さまが気持ちよく過ごせてはじめて、いい清掃といえるのではないですか？

鈴木常務はそう、私に教えてくれたんです。

清掃とは、相手を思いやる心。

そう気づいてからは、お客さまが心からくつろいで、深呼吸できるような空間にしようと、目に見えないところの汚れやにおいにまで気をつけて、清掃するようになりました。

家も、空港と同じなんです。

どんなに立派なお宅でも、どこかくすんでいたり、深呼吸するのがためらわれたりするようでは、気持ちよく暮らすことはできないと思うんですね。

反対に、家族がお互いに、思いやりをもって生活をしていると、家の中も不思議と明るくなっていくのです。

これまでは、家のことは全部奥さんの役目、だんなさんは外で働く人、という家庭が多かったかもしれません。でも、子どもたちが巣立ち、年を重ねると、夫婦でいる時間が長くなります。たとえば、だんなさんが定年を迎えたときに、お互いに思いやりの気持ちがないと、不満ばかり募ってしまうと思うんですね。

でも、思いやりってどうすればば？　と思うかもしれません。

何も難しいことはないんです。

たとえば、毎朝必ず「おはよう」とあいさつするように、毎日何かひとつずつきれいにするとか。洗面所を使ったら次の人のためにちょっと拭いておくとか。

気持ちのよい暮らしは、そんなちょっとしたことでできるんです。

特別な道具もいりません。

たった1枚のタオルからはじめることができます。

そして、家の中がきれいになると、人生も生き生きと輝いてきます。

何かひとつ、きれいにすると、気持ちが晴れ晴れします。

「毎日、何かひとつ」でよいのです。

いくつになっても清潔な暮らしを目指しましょう。

まずはタオル一枚から。

目次

2章 においと、向き合う

3章

ほこり、湿気をなくす

ブックデザイン　寄藤文平
編集協力　長瀬千雅

1章

1枚のタオルから、はじまる

おばあちゃんと思い出のカルピス

私が高校生のころ、中国・瀋陽に住んでいるおばあちゃんがわが家にやってきて、半年ほど一緒に暮らしました。

清掃のアルバイトで稼いだお金で、中国には売っていないいろんな食べ物を買ってきて、おばあちゃんと一緒に食べるのが好きでした。

甘くてやわらかいくだもの。当時中国では売っていなかったカルピスやコーラ。日本は、中国よりもずっと経済発展していましたから、中国でずっと暮らしてきたおばあちゃんにとっては初めて見るものばかり。

「おばあちゃん、飲もう」

食卓にコップをふたつ出して、カルピスを作ってひとつ渡すと、おばあちゃんは楽しそうに、ニコニコと飲んでくれました。

年をとると行動範囲が狭くなって、新しいものに出合う機会が少なくなってきます。食べるものも、毎日、あるものを食べていれば平気だから、という方が多いと思います。

でも、私のおばあちゃんのように、知らないものを出されるとやっぱり喜ぶんですね。

もう、顔が全然違うんです。それは、おいしいということもあると思いますが、それ以前に、見たことのないものに触れて新しい経験をするのは、いくつになっても、楽しいことだからだと思うんです。


おばあちゃんと一緒の食卓は、いつもうれしかった。

食卓は家族が集まる場所です。

夫婦ふたり暮らしでも、食卓はともにするでしょうし、おじいちゃんおばあちゃんの家の食卓がきれいだったら、遊びにきた孫たちも喜びますよね。

ひとり暮らしでも、食卓がきれいだったら、「自分」が喜ぶんです。清潔な食卓で食事をすると、気持ちも前向きになって、「今日はちょっと出かけてみようかな」とか、「友だちをお招きしようかな」いう気持ちになります。

食卓をいつもピカピカにしておくことは、いくつになっても清潔に暮らすための第一歩。

コツは、「あ、ここが気になるな」と思ったときに、すぐにさっとひと拭きできるように、手に取りやすいところにいつも台拭きを用意しておくこと。

台拭きは、綿のものでも、洗いざらしたタオルでも、自分が使いやすいものでいいのですが、わが家では、キッチン用の吸水クロスを重宝して使っています。吸水クロスはセルロースという天然繊維でできている、吸水性のよいクロスのことです。洗って何度も使えますし、洗濯機でぐるぐるまわしてしまっても大丈夫。市販の除菌漂白剤も使えます。


「毎日、何かひとつ」をはじめるなら、1日のうちで、いちばん長い時間を過ごす場所。いちばん気持ちよくしておきたいところ。

あなたにとってのその場所をピカピカにすることから、はじめてみてはいかがでしょうか。

暮らしにも新陳代謝が必要です

食べこぼしや飲みこぼしをどんどん拭き取ってきれいにしてくれる台拭き。1日に何度も使う台拭きは、そのぶん、非常に雑菌が増えやすいものです。定期的につけ置き除菌をしても、長く使うとどうしても菌が残ってしまいます。

「小さいころ、おばあちゃんちの食卓を台拭きで拭いたら、余計にくさくなってしまった」

そんな記憶がある人もいるかもしれませんね。小さい子どもはストレートですから、「くさいからおばあちゃんちに行きたくない」なんて言い出す子がいるかもしれません。

中国では、おじいちゃんおばあちゃんは家族の絶対的な尊敬を集めていますから、子どもがそんなことを言うのは決して許されませんが、日本の家族はどちらかというと子ども中心。おじいちゃんおばあちゃんは孫にとても優しいですよね。それだったら、孫が喜んで遊びにくるような家にすることを、「毎日、何かひとつ」の目標にしてもいいかもしれません。


においは雑菌のしわざです。

台拭きのにおいをなくすには、こまめにつけ置き除菌をして雑菌を取り除くしかないのですが、ある程度の期間使い続けると、どうしてもにおいが取りきれなくなってしまうんです。さらに、ふきんに限らず、布製品は、使うほどにカチカチに固くなってきます。そうすると、材質によっては食卓に傷をつけてしまうことも。

そうなる前に、使い古しは捨てて、新しいものに取り替えましょう。「この台拭き、いつから使ってるかな」と考えて、思い出せないぐらい昔だったら、思い切って捨ててしまう。それぐらいの基準でよいのでは。

買い替えるときのおすすめはキッチン用の吸水クロスですが、綿や麻混のふきんを台拭きとして長年愛用されてきた方の中には、新しい素材になじめない人もいるかもしれません。

そういう場合は、着古した衣服で、即席の「リサイクル台拭き」を作ってはどうでしょう。作ると言っても、洗濯済みの着なくなったTシャツなどを適当な大きさにハサミで切って、たたんで重ねておくだけ。それなら使い捨てにしても、あまり罪悪感を感じずに済むと思います。

今は100円ショップなどに安いふきんがたくさん売っていますから、そういうものを利用するのも手です。何度も煮沸消毒したり、除菌漂白剤を買うよりも、安く済むかもしれません。

年配の方はものを大切にする人が多いですから、「まだ使えるのに、捨てたらもったいない」と思いがちです。台拭きも、よほど汚くならない限り、「捨てる」という発想にならないのではないでしょうか。においのもとになる雑菌は目に見えませんから、「捨てどき」がなかなかわからないのですね。

人間の体と一緒で、家の中も、「老廃物は捨てる」が健康を保つ秘訣です。「これ、大丈夫かな？」と少しでも迷ったら、思い切って捨てる。そして、新しいものを使う。暮らしにも「新陳代謝」が必要なんです。

倹約は美徳だ、とは限りません

清掃の仕事には、羽田空港のような大きなビルの清掃がある一方で、ハウスクリーニングと言って、一般のご家庭のお掃除をする仕事もあります。

プロとしていろんなご家庭を見てきましたが、家庭の中の汚れや不具合に、そこに住んでいる人がいちばん気づいていない、ということがよくあります。なぜかというと、「これまでそれでやってきたから」とか、「壊れていないから」「まだ使えるから」という理由で、変えなきゃいけないというふうに思わないのですね。

先日、知り合いのご夫婦のお家に遊びに行ったときのことです。キッチンに立ったときに、どこのご家庭にもある、あるものが気になりました。

それは、菜箸です。

竹製の菜箸だったのですが、全体に黒ずみがあって、先のほうは焦げて黒く、かなりすり減っている感じでした。

「これ、いつから使ってますか？」

そう聞くと、もう20年近くになるかなあ、と言います。

「取り替えたほうがいいですよ！」

「でもまだ使えるし、どうせ家族だけで使うものだから」

ものを大事にしたり、倹約したりするのはいいことですが、プロの立場から言うと、清潔で安全であることが最優先。小さい子や年配の方が暮らすご家庭でしたらなおさらです。

黒ずんでいたり、竹が割れてささくれができているような菜箸を使い続けるのはやっぱりよくないんです。

そのご夫婦とはプライベートで親しくしていたので、「今度くるときに買ってきますね」と言って、次にお宅を訪ねたときに新しい菜箸を買って持っていき、古いものを捨てて、新しいものを置いて帰りました。

また、年をとると、変化を好まなくなります。

菜箸に限らず、スリッパやトイレカバー、マット、お風呂場の洗面器や体を洗う用のアクリルタオルなど、「古ぼけているけれど、使えないわけではない」ものは要注意。

離れて暮らす娘さん、息子さんは、おじいちゃんおばあちゃんの家を訪ねたら、部屋の中に汚れているもの、清潔でないもの、危険なものがないかどうかよくチェックしてあげてください。そして、年配の方が捨てるのを嫌がる場合は、無理に説得しようとせず、次に行くときに何も言わずに新しいものを持っていくんです。

私も、そのご夫婦の家にお邪魔するたびに、変色してしまっている枕カバーや、色が褪せてゴワゴワになってしまっているバスタオルなどを、ひとつずつ新しいものに交換していきました。2年かけて全部取り替えて、「これでよし！」と思える部屋になりました。

「もったいない」はいい言葉ですが、古いものをいつまでも溜め込んでいると、暮らしの新陳代謝が悪くなります。

新陳代謝が悪くなっていることに、毎日その家に住んでいる本人は、なかなか気づけないんですね。ものを大切にする気持ちは尊重しつつ、気づいた人が注意してあげる。そんなふうにすると、輝きのある暮らしにまた一歩近づくのではないでしょうか。

そのタオル、厚すぎませんか？

私には年上の友人がけっこういます。たまにご自宅に遊びに行くあるご夫婦は、80歳を超えたご高齢のふたり暮らし。奥さんは片方の脚を悪くされているので、遊びに行くと、おしゃべりしながらついでにちょっとお掃除のお手伝いをするのがお決まりになっています。

タオルのたたみ方

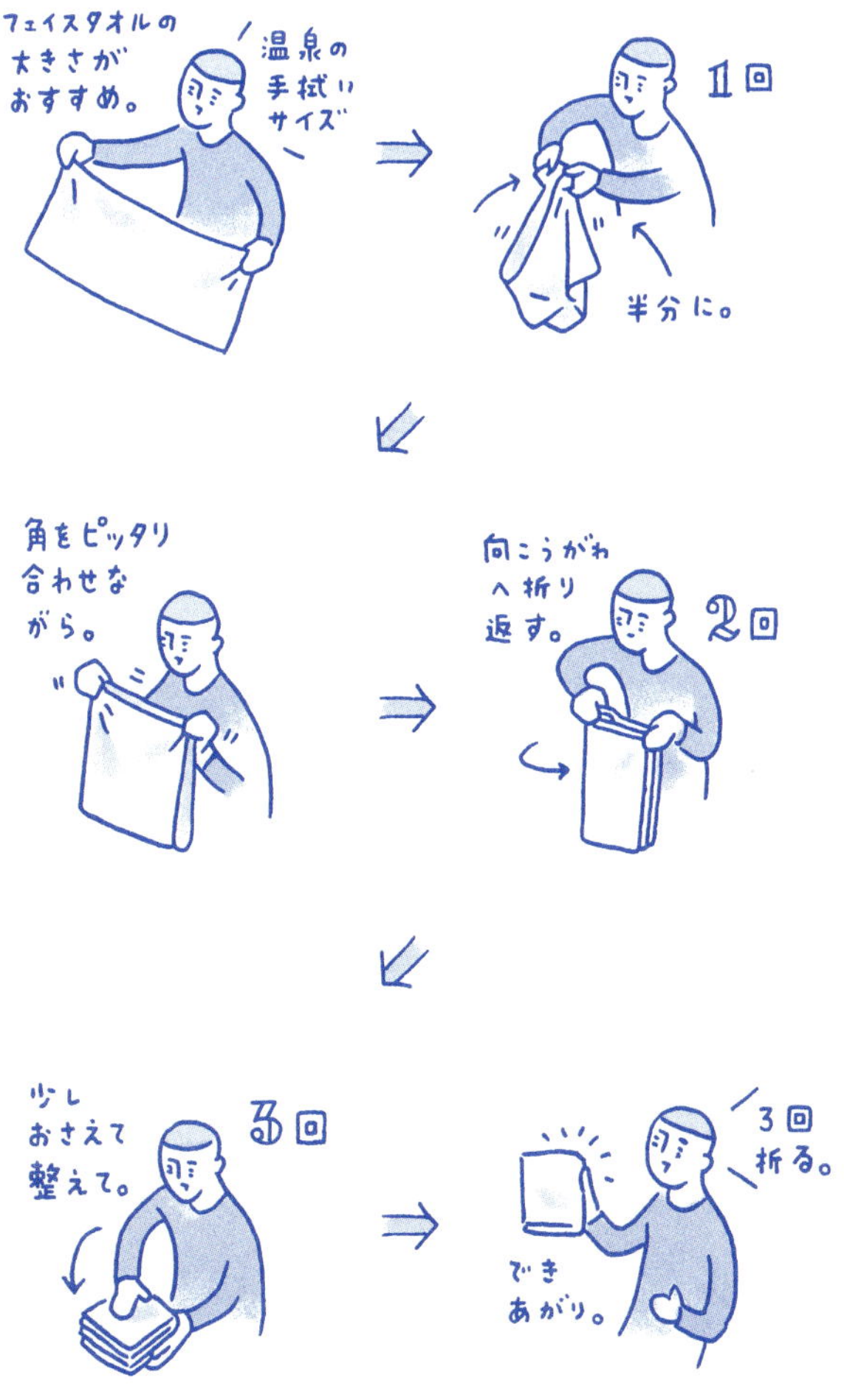
フェイスタオルの大きさがおすすめ。
温泉の手拭いサイズ
1回
半分に。
角をピッタリ合わせながら。
向こうがわへ折り返す。
2回
少しおさえて整えて。
3回
3回折る。
できあがり。

台拭きの持ち方

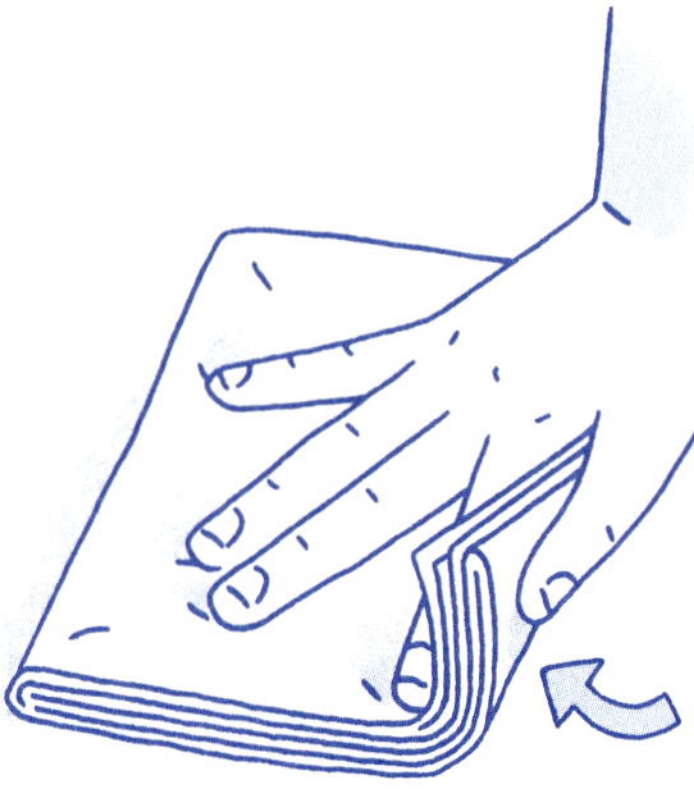
親指と人差し指で
重ねたタオルが
ずれないように。

ある日、居間のテーブルに置いてあったリモコンに手垢がついているのが目についたので、ちょっと拭いておこうと思いました。

「ここを拭きたいんだけど、使わないタオルはありますか？」

「もらいもので使ってないから、これを使って」

そう言って奥さんがタオルを1枚持ってきてくれたのですが、それが、ふわふわの高級そうな厚手のタオル。

いやいや、もらいものはいいけど、これはちょっとふわふわすぎない!?

お掃除に使うタオルは、薄い綿のタオルで十分。というより、薄いほうがいいんです。

リモコンのような細かいところを拭くとき

机の拭き方

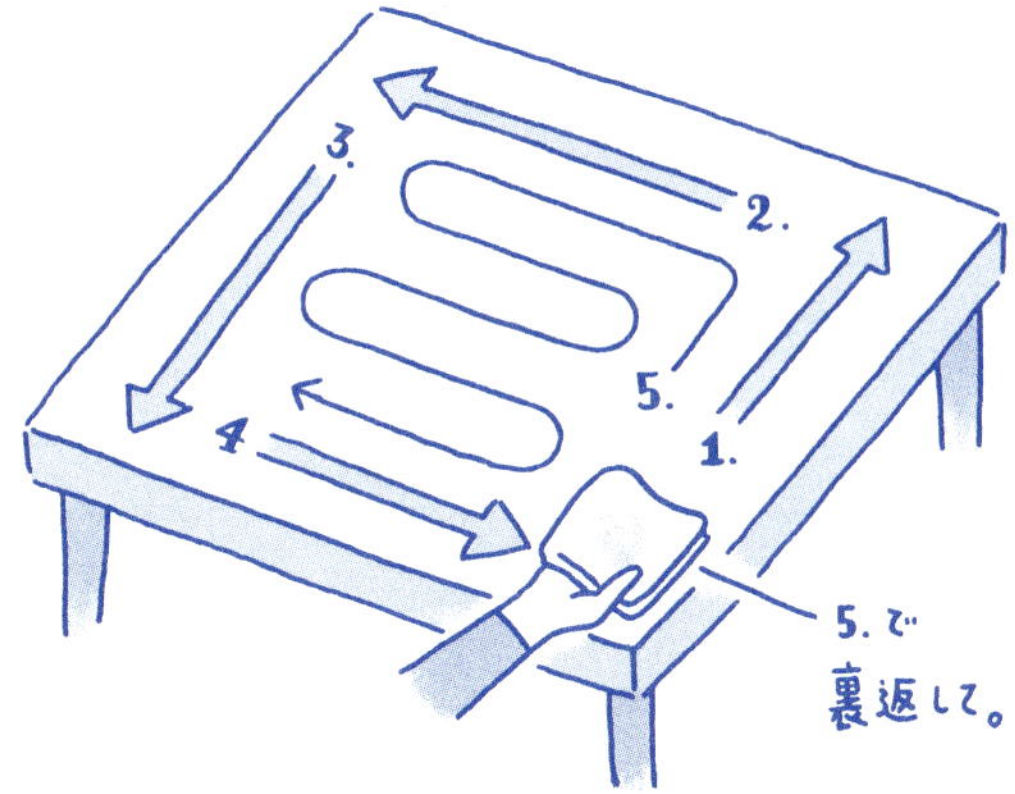

にタオルが厚いと、ボタンとボタンのあいだがうまく拭けないんですね。拭くのは平らな場所とは限らないので、全体のことを考えたら薄いほうが適しているんです。

また、ぶ厚いと、拭いているときに指先の感触が伝わりづらいので、高いところや垂直の面を拭くときに体のバランスが取りにくく、危険です。

絞りやすいということもあります。室内の拭き掃除は基本的に「かた絞り」ですが、厚手のタオルを絞るのは手が大きくて握力のある人でないと大変。

「だから、薄いタオルがいいんですよ〜」

そうおしゃべりながら、今度は一緒に納戸へ探しに行って、やはりもらいものの中から、薄い綿のタオルを見つけて、それを使うことにしました。

タオルの折り方や拭き方も、ちょっとしたコツを覚えると、楽に効率よくお掃除することができます。毎日のことですから、体で覚えてしまいましょう。

清潔な暮らしは1枚のタオルから

その年配のご夫婦のご自宅で、奥さんと一緒に掃除に使うタオルを探したときに、ついでにもうひとつ行ったことがあります。

空き箱をひとつ用意してもらって、掃除に使えるタオルを何枚か、そこに入れておくことにしてもらったんです。

わが家の場合は、掃除道具入れのところに専用の箱を置いてあって、使い古しのタオルをストックしています。

タオルの他に、「これ、もうそろそろ着ないかな」「お掃除用にまわそうかな」という洋服も、どんどん入れます。そして、時間があるときに、タオルのかたちに切っておくんです。邪魔になりそうな縫い目や飾りの部分は切って捨てて、広い面積がとれるところを残して、タオルと同じようなかたちに切っておけば、掃除用タオルとして十分使える、というわけです。

そういうふうに1カ所にまとめておくと、「いざ、お掃除スタート！」のときに、すぐにはじめることができます。

私が考える掃除のコツは「ついで掃除」です。朝、身支度の途中で階段の手すりのほこりに気づいたら、そこを通るついでにさっとひと拭き。歯磨きの途中で鏡のくもりに気づいたら、その場でさっとひと拭き。そうすれば、汚れる前にきれいな状態を保つことができるんですね。ですが、「あ、ここを拭いておこう」と思ったときに、タオルや古着を探さないといけないとなると、「今はいいや。また今度」になってしまいます。

要は、**「タオルの定位置」を作ってあげることが家を清潔に保つためのコツです。**

そうすると、日々の「ついで掃除」のときもすぐにパッと取り出せますし、休みの日の「しっかり掃除」のときにタオルが何枚も必要になっても、常に新鮮なものが使えます。

また、古着リサイクルタオルはもともとが再利用なので、何度か使って汚くなったら捨てることができます。

古着以外にも、ハンカチなども使い古したらお掃除にまわすといいですね。ハンカチのサイズだと、狭いところや細かいところに使うことができるので、タオルと上手に使い分けすると、掃除がしやすくなります。

清潔な暮らしは1枚のタオルからはじまる。

私はそんなふうに思っています。

掃除機が重いと感じはじめたら

「掃除機が重くて」

そんなふうに感じたことはありませんか？　あなたがまだ若ければ、自分のお母さんがそんなふうに言うのを聞いたことは？

年をとって体力が落ちてくると、掃除機をかけるのが大変になってくるんですね。本体をちょっと持ち上げて敷居をこえる、という何気ない動作がおっくうに感じたり。重い掃除機を物置にしまってあったりすると、取り出すだけでひと仕事です。

いくつになっても清潔に暮らすためには、年齢や体力に合わせた道具を使うことも大事です。

わが家には、吸引力の強いキャニスター型（本体を引っ張るタイプ）の掃除機と、さっと手軽に使えるスティック型（一体型）の掃除機があって、用途別に使い分けています。

わが家では、スティック型掃除機の定位置は、居間のすみのいつも目につくところです。「ここが気になるな、掃除機をかけたいな」と思ったときにパッと手に取れるところに置いてあるのが理想。来客のときは物置や納戸に片付けます。年配の方に限らず、体力のある若い人でも同じようにするといいと思います。そうすると、「わざわざ掃除」ではなく、「ついで掃除」になるんですね。

週末などに「さあ、今日は部屋じゅう掃除機をかけるぞ」というときは、キャニスター型の掃除機の出番です。いろいろなものをどかして、広い面積を一気にかけます。特にカーペットは汚れもにおいも溜め込みやすいので、念入りに。キャニスター型とスティック型、両方持って使い分けたほうが、結果的に楽にお掃除できるかもしれませんね。

それでもやっぱり掃除機を持つのは重くて大変、という場合。フロアワイパーを使っている方も多いのではないでしょうか。フロアワイパーが得意なことは、段差や隙間の少ない部屋のお掃除です。軽くて、取りまわしが楽なので、年配の方でも使いやすい掃除道具ですね。

一方、難点は、吸着シートが高くついてしまうこと。ただ、ホームセンターなどで、安いものでは100枚入り200～300円ぐらいで売っていますので、上手に探してみるとよいでしょう。

私は、吸着シートの代わりに、タオルやマイクロファイバー製クロスをヘッド部分に取り付けてお掃除することもあります。ゴミを集めたあと、付着したゴミを掃除機で吸い取ってタオルを洗う必要があるので、少し手間がかかりますが、吸着シートがもったいないと思う人や、買い置きが切れたときは、この方法も試してみてください。ただ、タオルを取りはずすときにほこりを吸い込みやすいので、必ずマスクをしてくださいね。

年をとって体力がなくなると、今まで問題なく使えていた掃除道具に不便を感じることもあります。**「どうしたらもっと楽に掃除できるかな」と考えるのは、手抜きやわがままではなく、頭の体操。**「もっと便利なものはないかな」と探してみましょう。

拭き掃除は「洗顔」と同じです

掃除以外に毎日行うもの、何があるでしょうか。

顔を洗う。

歯を磨く。

ごはんを食べる。

私にとって掃除は、こういう日々のことと同じぐらい、当たり前に行うことです。毎日顔を洗うように、毎日触るところを拭いたり、洗ったりする。『自分の家』と『自分の顔』は同じ」という考え方なんですね。

女の人だったら、夜、お化粧を落として、顔を洗いますよね。そして、次の朝、またお

化粧をして出かけるわけです。毎日ごはんを食べれば、そのぶん洗い物が出ます。次の朝、また清潔な状態で使うためには、きれいに洗っておかないといけません。自分の顔だったら必ずやることなんですから、お茶碗も同じですよね？

これはお茶碗に限らず、すべてに言えることなんです。

私は「五徳はお茶碗と一緒」と思っていて、お茶碗を洗うのと同時にコンロの五徳も洗います。「流しの三角コーナーや排水口のゴムのふたも同じように洗って、裏返して乾かしましょう」とよく言うのですが、それもすべて、**自分の顔が汚れたらその都度洗ったり拭いたりするのと同じなんです。**

そう考えると、家の中のいろんなところを拭いてあげたくなりませんか？　たとえばドアノブや、電気のスイッチのまわり、廊下や階段の手すりなど。どれも、毎日手で触れるところです。すべてを一度にやろうと思うと大変ですが、毎日どこかひとつだけ、「ここ、触ったから拭いておこう」と思うだけで、清潔な状態を保つことができます。

「手で触っただけではそんなに汚れないのでは？」と思うかもしれませんが、手にはたくさんの雑菌が住んでいます。美容の面でも、「手で顔を触りすぎると肌が荒れやすくなる」とか、「顔を洗う前に、手をきれいに洗いましょう」とよく言われますが、それは、手には雑菌がついているから、その手で顔を触るとニキビや肌荒れの原因になりますよ、ということなんですね。家の中も同じこと。手で触るとそこに雑菌が付着して、汚れが発生するということなんです。

拭き掃除は、洗顔と同じです。

そう考えて家の中を毎日1カ所ずつ拭いてあげるようにすると、まるで顔を洗ったあとのように、家じゅうがスッキリして、ピカッと輝いてくると思いますよ。

1枚のタオルで、いつも清々しい玄関に

先日、少し年下の友人が病気をして、2週間ほど入院しました。幸い元気になって帰ってきたのですが、彼女がこんなことを言っていました。

「久しぶりに家に帰ってきたときに、『うちの玄関、こんなに汚かったっけ』と思ったんですよね。誰も使ってないのに汚れるなんて、不思議だなと思って」

しばらく家を留守にしていて、帰ってきたときに、「あれ、なんか汚れてる……?」と思うのは、実は、そんなに不思議なことではありません。

なぜそうなるかというと、たとえば玄関で言えば、人が毎日出入りしていれば、空気も動くし、ほこりをはたいていることになるので、汚れの原因が定着しづらいんです。それが、人の出入りが途絶えると、風が通らなくなり、次第にほこりが降り積もっていきます。玄関まわりにはあちこちに人の手の脂や雑菌が付着しています。それらを数週間も放置しておくと、雑菌が増えて汚れが目立ってくるんです。

玄関の掃除①

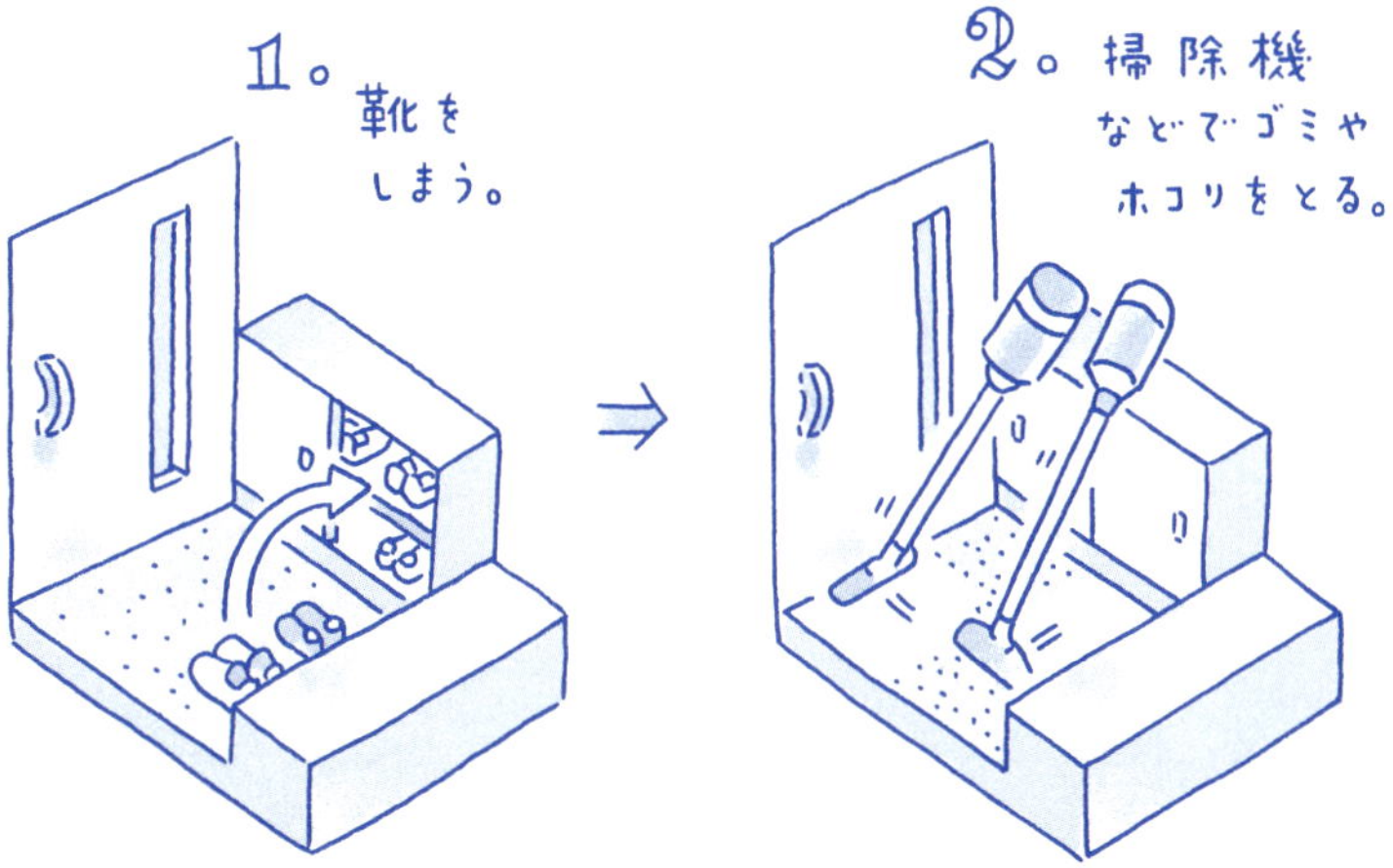

また雑菌と言えば、わが家の場合、何日か家を空けるときは、キッチンとお風呂場、洗濯機の排水口にハイター（除菌剤）をたらしておきます。水のたまっているところは雑菌の繁殖しやすいところ。でも、こうしておくことで、外出から帰ってドアを開けたときのにおいを防ぐことができるんです。

よく、「旅行に行くときは、家の中をしっかり掃除してからでないと出かけられない」という方がいますが、それ、正解なんです。要は、人間がいないあいだに雑菌が悪さをしないように、取り除いておくということなんですね。

彼女にそう説明すると、「菌との戦いなんですね」と感心していましたが、究極的には、

玄関の掃除②

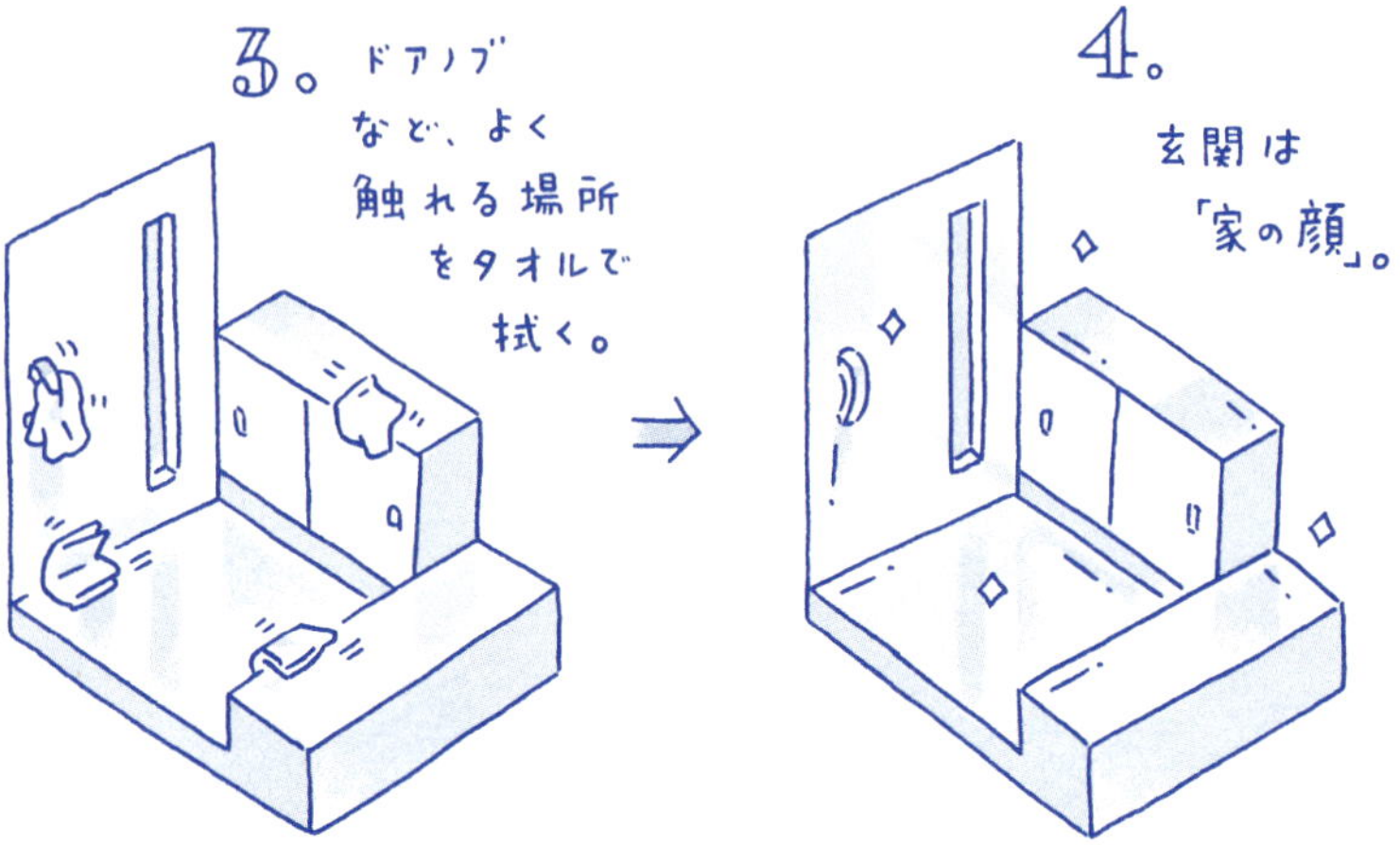

お掃除は全部それなんです。

彼女はまだ40代なので、快復した今は毎日元気に玄関を出たり入ったりしていると思いますが、年をとってくるとだんだん、出かける回数が少なくなっていきます。動作もゆっくりになるので、どうしても、家の中の空気は滞留しやすくなります。そうすると、ほこりや汚れが定着して、くすんだ感じになりやすいんですね。

年配の方が暮らすご家庭では、たとえば夫婦で旅行に行くとか、いつもより少し遠出をするときは、出かける前に玄関の拭き掃除をする。そう決めておくのはどうでしょうか。

娘さん、息子さんが訪ねたときは、家に上がるついでに、人の手が触れる周辺だけでも、さっと拭いてあげてもいいですね。

1枚のタオルで、いつも清々しい玄関に。

出かけるのも、人を招くのも、今まで以上に楽しくなりますよ。

お掃除はいちばん弱い人の目線で

我が家のお掃除の必需品のひとつに、ガムテープがあります。

「ガムテープ⁉　何に使うんですか？」とよく聞かれますが、掃除機をしまうときに、口のところに貼っておくんです。

キャニスター型の掃除機の場合は、ホースをはずして、接続口のところにペタッ。

スティック型（一体型）の場合は、ヘッド部分の横幅に合わせてガムテープをピッと切って、ペタッ。

「どうしてそんなことをするんですか？」

「めんどくさそう……」

いやいや、部屋の中に雑菌が飛び出してこないように、こうする必要があるんです。掃除機のゴミパックの中は、ゴミやほこりがいっぱいの上に、温度も高くなるので、非常に雑菌が増えやすい環境なんです。だから、出口をふさぐために、テープを貼るんですね。使うときは、掃除機本体にちょっと貼り付けておいて、終わったらまた口に貼ります。粘着力が弱くなってきたらガムテープを取り替えればいいだけなので、手間もお金もかかりません。

私は、お掃除は、家の中でもっとも弱い人の目線で行う必要があると思っています。

赤ちゃんがいる家庭では、赤ちゃんがハイハイしても大丈夫なように。高齢者のいる家庭では、高齢者が細菌やウイルスに感染したりしないように。家の中の衛生は、そんなふうに考えたほうがいいと思うんです。

だから、家じゅうの汚れを吸い込む掃除機こそ、清潔に保つように気をつける必要があります。掃除機は使うたびに毎回、本体をさっと拭きます。特に、ホースと本体のつなぎ目の部分はほこりがたまりやすく、雑菌が増えやすい場所です。しっかり拭いて、たまっね。

そのときは「薄めの重曹水」（47ページ）を使うといいですね。

そして、半年に1回は「しっかり掃除」をしましょう。

作業する場所はベランダかお風呂場。腰を下ろして作業ができるように、スペースを整えます。大きめのバケツに水を張って、衣類用の洗剤を溶かして泡立てておきます。

掃除機をばらして、ホースやノズルなどのパーツを並べます。

特にノズルは、タイヤやブラシがついていたりしてお掃除しにくいんですよね。

おおまかにゴミやほこりを除いたら、洗剤液の入ったバケツにつけます。しばらく置いたあと、歯ブラシを使って細かい部分の汚れをかき出し、水洗いします。水気を拭き取って、完全に乾くまでそのまま置いておきます。洗剤液に浸すので、除菌効果も期待できます。

パワーブラシ（モーターがついているもの）でなければ、この方法がおすすめです。

掃除機がきれいだと、掃除機をかけたくなるんですね。「毎日、何かひとつ」の中に、「掃除道具のお手入れ」の項目を入れてみてはいかがでしょうか。

2章

においと、向き合う

においまで、きれいに

私が年配の方のご自宅へうかがって清掃をするときに、いちばん気をつけているのが、においです。

うちは、だんなさんが私より10歳年上なんですが、最近、だんなさんの枕カバーの汚れが気になるようになってきたんです。同じようにカバーをしているのに、どうしてだんなさんのだけが黒ずんでくるのかなって。いつもにおいがあるし、おかしいなあって。

それであるとき、真っ白の枕カバーを買ってきて、だんなさんのと自分のと、同時に取り替えました。そうして、汚れのつき方がどう違うかや、においのあるなしを、じっと観察したんです。なんの汚れなのか、触ったりして（笑）

年をとると、女性よりも男性のほうが脂が出やすくなってくると言いますよね。うちのだんなさんもそれだなあと思いました。寝室のエアコンをつけるかどうかも、夫婦で違うという話もよく聞きますが、だんなさんもやっぱり暑がりで、汗をかきやすい。

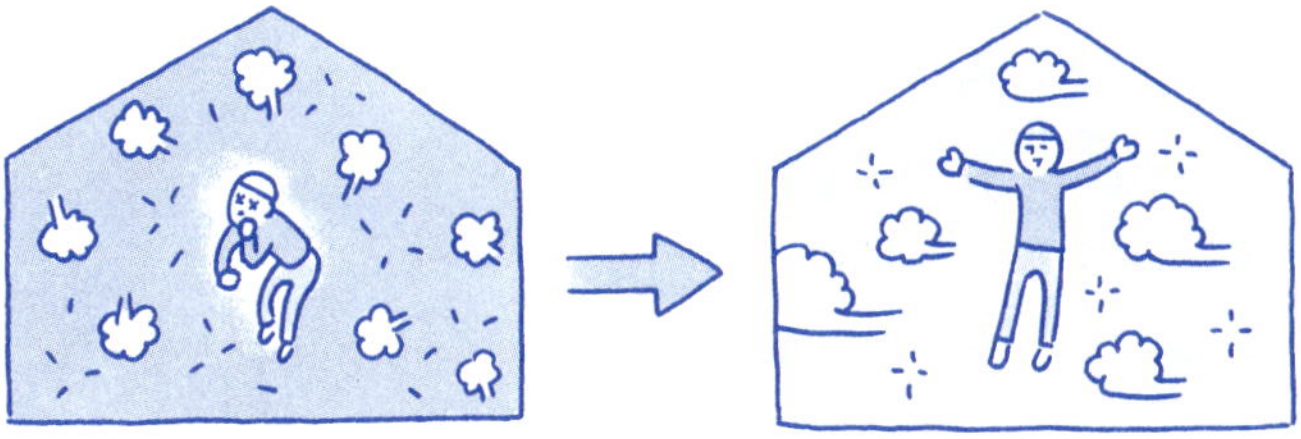

いつも深呼吸したくなる家に。

枕カバーの黒ずみやにおいは、皮脂汚れや汗が原因なんですね。

皮脂汚れをきれいに落とすには、洗濯機でまわす前に、重曹水につけ置きをするのが効果的です。

たらいにぬるま湯を張り、重曹を溶かします。そこに30分から2時間、枕カバーをつけておきます。そうすると、皮脂汚れが浮いてきます。つけ置きをしたあとは、軽く絞って洗濯機に入れ、通常どおりに洗います。

わが家はこの方法で、枕カバーは毎日、シーツは2日に1回、洗濯しています。夏も冬も。そう言うと「夏も冬も、毎日ですか!?」と驚かれますが、におい対策には、汚れを定着させないことがいちばんなんですね。

枕カバーやシーツ以外にも、いろんなものを重曹水につけ置きしてから洗います。タオルや肌着などはもちろん、ジムでしっかり汗をかいたあとのトレーニングスーツも、重曹水につけ置きしてから洗濯機に入れます。

重曹水は、洗濯物の皮脂汚れを浮かすだけでなく、キッチンまわりの油汚れや、浴室の石けんカスや湯垢などの汚れを落とすのにも効果的です。テーブルやソファなどの拭き掃除のときも、**重曹水で拭くと、においのもとをさっと吸着してくれるので、水だけよりもにおいを抑えることができるんです。**

重曹水の使い方を覚えておくと、におい対策の強い味方になってくれます。

- 日常の拭き掃除用　薄めの重曹水
- しっかり大掃除用　濃いめの重曹水
- つけ置き用　濃いめ、薄めの重曹水

※具体的な分量は、次ページの図解を参照してください。

タオルを絞って拭いてもいいですし、スプレー容器に入れてシュッと吹きかけて使うこともできます。重曹水はこのあともいろんな場面で登場しますから、覚えておいてくださいね。

洗濯の話に戻ると、重曹水のつけ置きは、水洗いできる衣服であれば、ほとんどのものが可能です。重曹は、酸素系漂白剤や溶剤（染み抜きなどに入っている成分）と異なり、性質がごく弱いので、一晩つけておいても大丈夫。衣服がひどく傷むことはまずありません。

バスタオルなど、「ちゃんと洗濯しているのに、においがとれない」というときは、薄めのつけ置き用重曹水につけてから、いつもどおり洗濯してみてください。**部屋干しや生乾きのにおいは、これでほとんどとれると思います。**

安全性が高いので、たとえば赤ちゃんのよだれかけや、介護に使う大人用のエプロンなども、重曹水でちょっとつけ置きしてから洗濯すると、においがとれて、すっきりと気持

3　つけ置き用
重曹水

3-A　汚れやにおいが
ひどいとき

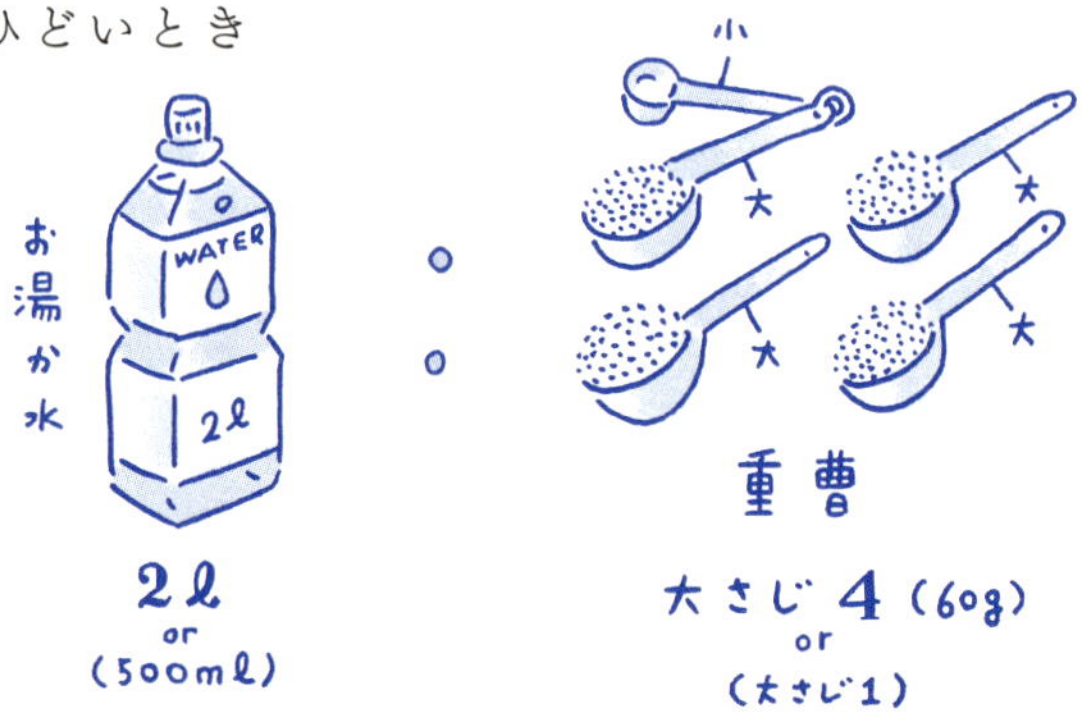

3-B　普通のにおいや
汚れのとき

1　薄めの重曹水
日常の拭き掃除用

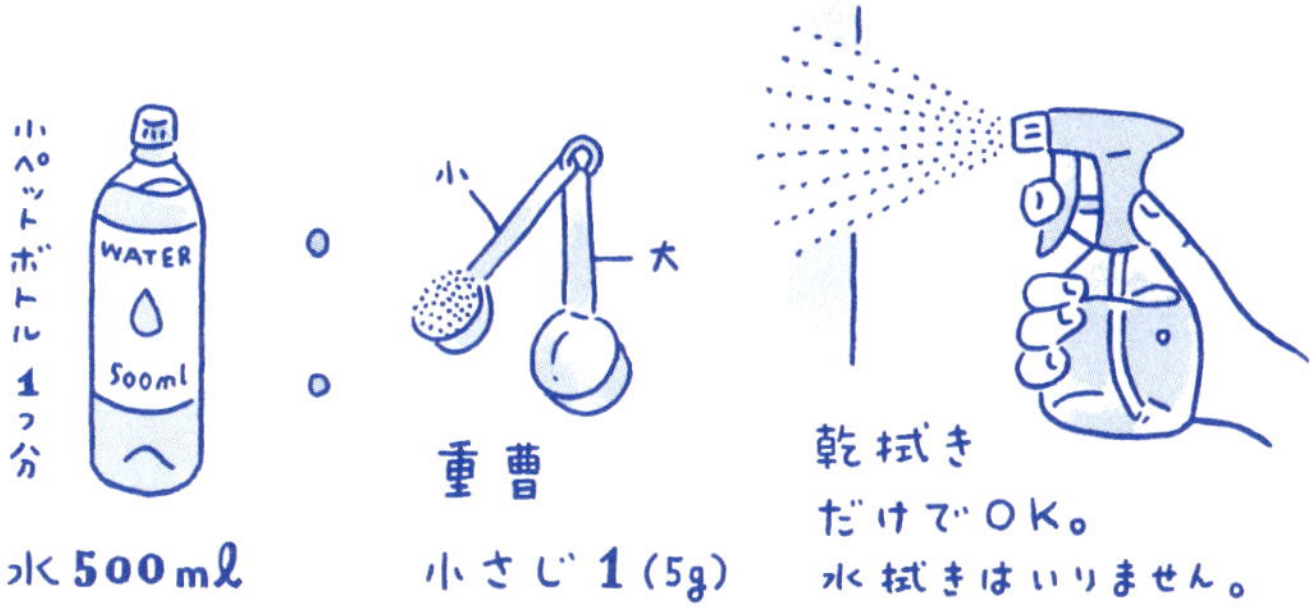

2　濃いめの重曹水　しっかり大掃除用

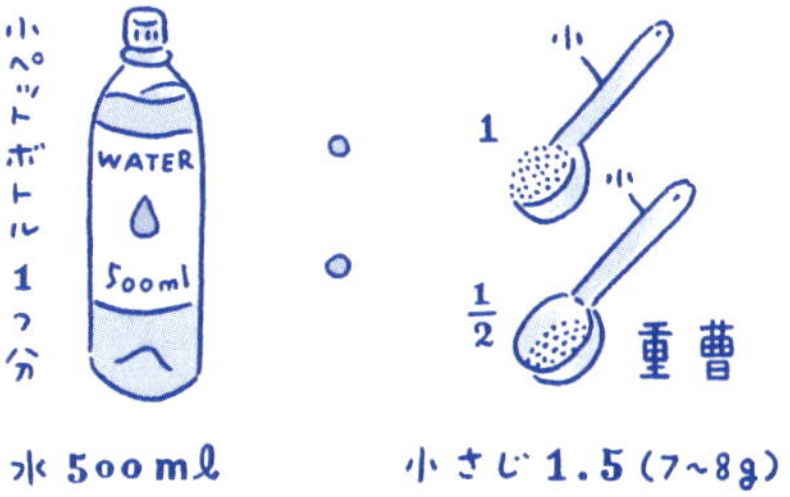

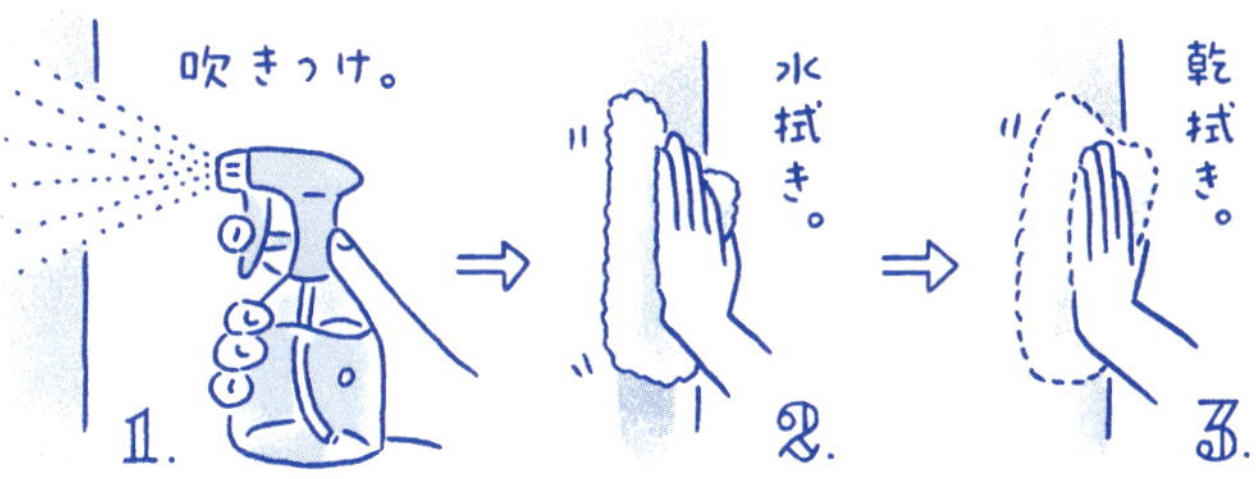

ちょく使うことができます。

年をとってくると加齢臭も出てきますし、家の中のいろんなにおいが気になってきます。

「おばあちゃんちのにおい」を懐かしくていいにおいにするために、嫌なにおいのもとになる汚れや雑菌を増やさないようにしたいものです。

「毎日、何かひとつ」で、いつも深呼吸したくなる家に。

重曹水のつけ置き、ぜひやってみてください。

お義母さんの定位置

もう亡くなってしまいましたが、だんなさんのおかあさん、つまり私のお義母さんは、山梨の実家でずっとひとり暮らしをしていました。結婚してからは年に4回は必ず帰って、一緒に過ごしました。

お義母さんはいつも、部屋の中の、窓を背にした一角に座って、私の話をニコニコと聞いてくれました。

あなたのおじいちゃんやおばあちゃんを思い返してみても、いつも座っている「定位置」があると思いませんか？　たとえば居間のソファとか、テレビの前の安楽椅子とか。

年配の方がくつろいで過ごす場所ですから、清潔で気持ちよく保ちたいですが、ソファや安楽椅子はにおいが染み込みやすいんです。


しっかりめににおいがついてしまったソファや椅子のお掃除にも、重曹が役に立ちます。

布製のソファのお掃除のしかたを説明しますね。まず、掃除機のヘッドをブラシのノズルに取り替えて、掃除機をかけます。隙間に入り込んだゴミやほこりも取り除きましょう。

汗染みや食べこぼしなどの汚れがある場合は、中性洗剤を薄く溶かしたぬるま湯に浸して固く絞ったタオルで、たたくようにして汚れをとります。そのあと、水拭き、乾拭きをします。

汚れを取り終えたら、重曹の出番です。ソファ全体に重曹を粉のまま撒きます（重曹じか撒き法）。そのまま2〜3時間放置。ひと晩そのままでもいいでしょう。重曹がしっかりとにおいを吸着したところで、再び掃除機をかけ、重曹ごと吸い取ります。最後に全体を湿り拭き、乾拭きで仕上げます。

合成皮革のソファには、重曹水を使います。同じように掃除機でゴミやほこりを吸い取ったあと、「薄めの重曹水」（46ページ）で絞ったタオルで全体を拭き上げます。色落ちすることがあるので、薄い重曹水で行ってください。そのあと、水拭き、乾拭きで仕上げます。

肘掛や脚の部分は、湿り拭きで拭いてください。

布製でも合成皮革でも、拭き上げたあと、しっかりと乾かすことが大事です。その際、部屋の換気扇をまわす、扇風機をまわすなどして、湿気がこもらないようにしてください。

ソファも椅子も、においが気になりはじめる前に、定期的に「薄めの重曹水」で水拭きをして、予防掃除をするとよいでしょう。

家庭の掃除では、ソファや椅子はあとまわしになりがちなので、「毎日、何かひとつ」の中にソファや椅子の項目を入れておくといいですね。

ただし、重曹水は本革には使えません。本革は汗や皮脂、水にとても弱いので、専用のお手入れが必要になります。年配の方や小さい子どもがいるご家庭では、全体をマルチカバーで覆うなどして、あらかじめ汚れがつかないようにしておくのもひとつの方法です。

わんこと老夫婦

先日、ある60代のご夫婦のご自宅にお邪魔したら、部屋の中を小型犬が2匹、走り回っていました。マンションの室内でも飼える犬種です。数年前にだんなさんが定年退職されたあと、やっぱり少し寂しくなって、飼うことにしたのだそうです。おふたりはまだまだお若く、体も元気なので、散歩に連れて行ったり世話をしたり、ペットとの暮らしを楽しんでいるようでした。

一方、家の中で犬や猫を飼っていると、やっぱりにおいが気になりますよね。特に、カーペットやラグマットなどはにおいが染み込みやすいものです。でも丸洗いもできないし、どうやってにおいを取ればいいでしょう?

布製ソファのにおいとりで「重曹じか撒き法」を紹介しましたが、重曹を使ったお掃除はカーペットのにおいとりにも有効です。

ただ、カーペットは毛足が長いので、撒いただけでは重曹が表面に留まるだけ。根元までしっかりと重曹を行き渡らせないと、においを吸い取ってくれません。そのためにひと手間かけることが必要です。

まず、カーペットに重曹を粉のまま撒きます。パラパラとではなく、思い切ってたくさん撒きます。

そうしたら、目の粗い櫛でカーペットをとかして、重曹が中に入り込むようにするんです。ビジネスホテルに泊まると使い捨てのブラシが置いてありますよね？　ああいうのを使ったり、なければ１００円ショップで売っているコームでも大丈夫です。

この状態でしばらく放置します。においをしっかりと吸着させるにはある程度長い時間置いたほうがいいですが、いっぺんにやろうとすると大変です。買い物に出かけている１時間とか、やれる範囲でかまいません。１回の時間が短ければ、そのぶん回数を増やせばいいのですから。寝る前にバーッと撒いて置いて置くのでもいいです。ご家庭ごとのご都合に合わせてもらえばいいと思います。

重曹がにおいを吸ったら、念入りに掃除機をかけます。そのあと、ぬるま湯でかた絞りをしたタオルで水拭きをし、さらに乾拭きタオルで拭き上げます。

においがとれたら、その状態を維持したいもの。ペットがいる家は、できれば１日おき

カーペットの洗い方

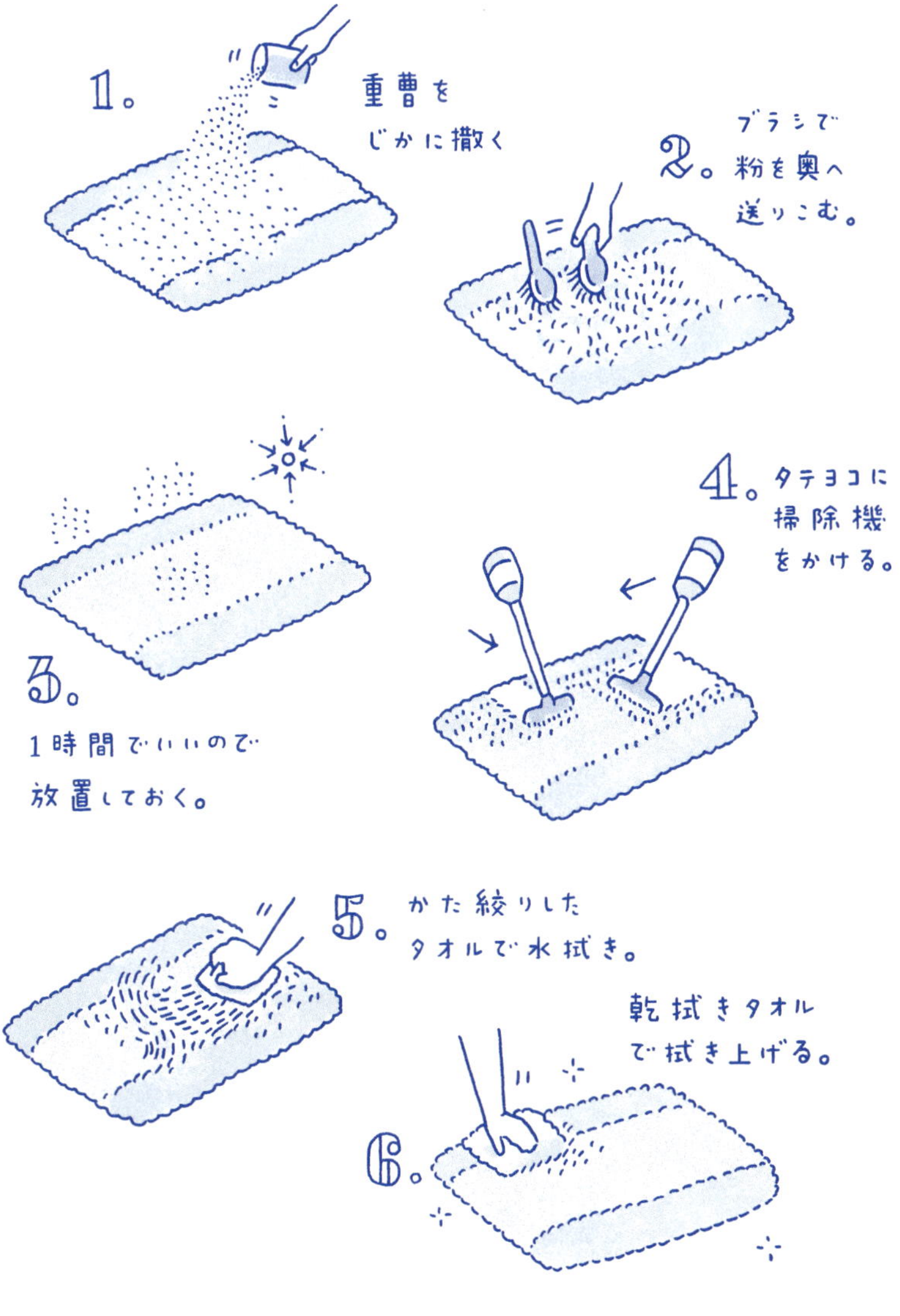
1。
重曹を
じかに撒く
2。
ブラシで
粉を奥へ
送りこむ。
3。
1時間でいいので
放置しておく。
4。
タテヨコに
掃除機
をかける。
5。
かた絞りした
タオルで水拭き。
6。
乾拭きタオル
で拭き上げる。

ぐらいに「重曹じか撒き」を行いたいものです。

「そんなにひんぱんにできないよ」という方は、「濃いめの重曹水」（47ページ）で拭きましょう。

ブラシやたわしで毛足を起こして、ゴミやほこりをかき出したら、掃除機をかけます。タテ、ヨコ、両方向にかけてください。そのあと、重曹水で濡らして固く絞ったタオルで表面を拭きます。水拭き&乾拭きで仕上げます。

ペットを飼っていなくても、たとえば赤ちゃんがいるご家庭にもおすすめします。重曹水拭き掃除をこまめにしておけば、ハイハイしても安心。もちろん大人だって、ゴロゴロするならきれいなカーペットのほうがいいですよね。

湿気が残るとカビが生える危険性がありますから、換気扇をまわしたり、部屋の中で扇風機をまわしておくなどして、しっかりと乾かすようにしてください。

実家の冷蔵庫のにおい、気にしてあげてください

スーパーに行くと、高齢の方が、娘さんらしき人と一緒に買い物に来ている姿を見かけることがあります。杖をついたり、手押し車を押しながら、ゆっくりでも自分で買い物ができるのは、とてもいいことですよね。付き添いの方にも「ご苦労さま」と声をかけたくなります。

そんな姿を見るにつけ、清掃のプロとしてひとつアドバイスしたいなと思うことがあります。家に帰って、買った食材をしまうときに、「冷蔵庫、におってないかな」と気にしてあげてほしいんです。経験上、冷蔵庫のにおいに困っているご家庭が多いんですね。

冷蔵庫の掃除にも、重曹水が活躍します。

「薄めの重曹水」（46ページ）で絞ったタオルで拭いたあと、水拭き&乾拭きが基本。ですが、「あ、ちょっとここを拭いておこう」と思ったときに、わざわざ重曹水を作ら

なければいけないと、「今はいいや、また今度にしよう」となってしまいますよね。**冷蔵庫は日常的に使うものですから、「わざわざ掃除」ではなく、開け閉めのついでにさっとひと拭きの「ついで掃除」にしたいところ。**

そこでおすすめなのが、「重曹水スプレー」です。100円ショップで買ったスプレーボトルに、「薄めの重曹水」（47ページ）を入れます。わが家ではこれがキッチンに常備してあるので、気になったときに、タオルにシュシュッと吹きつけて、さっとひと拭き。乾拭きして終了です。

冷蔵庫は常に食材が入っていて、完全なからっぽになることはあまりないと思いますが、買い出しの前などは、ある程度スカスカだと思います。そんなときに、あいているスペースだけでもこまめに拭いておけば、日々の掃除としては十分です。

また、野菜室や冷凍室を引き出したときに、奥のほうが黒くなっていることがありますが、これは、静電気によって汚れが黒ずんでしまったものです。そうなる前に、引き出しのへりや、ドアの側面なども、重曹水スプレーで拭いてください。

そして、ワンシーズンに一度、「しっかり掃除」をしましょう。食材をすべて取り出し、冷蔵庫の電源を切ります。トレーや引き出しなどはずせるものははずして、たらいに入れ、

「つけ置き用の重曹水」（46ページ）につけます。そのあと、食器を洗う要領で、中性洗剤で洗います。

冷凍庫も忘れずに！

わが家でも、食材の保存に、冷凍食品の買い置きにと、冷凍庫をフル活用していますが、常に満タンで使っていると、かなりにおいがするんですね。

特に、自動製氷機は、定期的に「しっかり掃除」をしましょう。製氷機は細かく入り組んだ部分に汚れがたまりやすく、カビが生えてくる場合があるんです。

給水タンクや製氷皿などの部品を全部取りはずしたら、同じように重曹水のつけ置き＋中性洗剤の手順で洗います。カビが生えていたり、汚れがひどかったりする場合は、夜に取りはずして一晩つけ置きし、翌朝きちんと洗ってセットするといいですね。

製氷皿がすっきりきれいだと、家族やお客さまに冷たいドリンクを出すときも、自信をもって出してあげることができますよね。

簡単においい消し

冷蔵庫に消臭剤を置いているご家庭、多いと思います。

職場の後輩に聞いても、「うちも備長炭パワーのやつ、買って置いてあります」と言うのですが、清掃のプロとしては、重曹にはにおいをとる力がありますから、備長炭パワーに負けない、重曹パワーを活用したらいいんじゃないかなと思うんですね。

わが家では、冷蔵庫だけでなく、下駄箱やゴミ箱、クローゼットなど、どんな場所でも、重曹で作る「オリジナルにおい消し」が大活躍しています。

材料はこれだけ。

・重曹
・ティッシュなど、重曹をくるむもの

・カロリーメイトなどの平たい空き箱

重曹2分の1カップほどをティッシュで平たく包みます。そして、カロリーメイトの空き箱に入れるだけ。中で動かないようにテープで止め、箱の片側のふたを開けておきます。これで「オリジナルにおい消し」のできあがりです。

冷蔵庫や下駄箱の隙間に立てて置いてもいいですし、横にして棚板の裏面にマスキングテープなどでペタッと貼っておくのもよし。それならスペースもとりません。わが家では、居間のゴミ箱の底にもひとつ置いてあります。

以前、若い人にこのやり方を教えて、「箱はなんでもいいのよ」と言うと、「じゃあ、私はガーナチョコレートにします！」と言っていました。チョコレートの箱はカロリーメイトよりさらに薄いので、冷蔵庫や下駄箱がいっぱいで「隙間がない！」という人には、いいかもしれませんね。

もっと簡単に作るのであれば、プリンのカップでもいいんですよ。プリンを食べたあとのカップをきれいに洗って、重曹を入れ、ストッキングの生地をかぶせて、輪ゴムで止めておくだけ。ストッキングの生地は目が細かいので、倒してもそれほどこぼれません。

容器のポイントは「密閉せずに、ふたができる」ことなので、市販の湿気取りのケースもぴったりです。ふたがメッシュになっていて、パコッとはずせるようになっているものがありますよね。あれの本体部分に重曹を入れて、ふたをはめれば立派に再利用できます。捨てるなんてもったいない。

「ここに消臭剤を置きたいな」という場所に合わせて、入れ物を工夫すれば、重曹を使った「オリジナルにおい消し」が簡単に作れます。いろいろ工夫ができるので、作ること自体が楽しいんですよ。

取り替える時期は、においの強さにもよりますが、季節の変わりめごとが目安です。「しっかり掃除」をするときにバーッと全部回収して、新しいのをポンポンポンと置いていく、というふうにしてもいいかもしれませんね。

新聞紙でにおい予防

わが家では「オリジナルにおい消し」があちこちに置いてありますが、キッチンのゴミ箱は、もうすこし念入りににおい対策をしています。

キッチンのゴミ箱は、生ゴミを入れたり、濡れた手で触ったりするので、雑菌が繁殖しやすい場所です。雑菌が増えやすいということは、においが発生しやすいということ。なので、重曹を使った「オリジナルにおい消し」と「新聞紙」のダブル使いをしています。

と言ってもそんなに難しいことではありません。

ゴミ箱の底に新聞紙を1枚敷きます。その上に重曹におい消しをひとつ置きます。その上にゴミ袋を設置するわけですが、そのゴミ袋の内側に、新聞紙を3枚ぐらい重ねて、袋状にして入れておくんです。

生ゴミは別途、新聞紙にくるんでビニール袋に入れ、口をきゅっと結んだ上で、ゴミ箱に入れるので、水が漏れることはほとんどありませんが、万一水分が染み出してきたとき

新聞紙には
防虫・脱臭効果もある。

でも、ゴミ袋の内側の新聞紙が適度に吸収してくれます。

キッチンでは手が濡れていることが多いですが、濡れたままの手を突っ込んで水気が中に入ってしまった場合でも、同じように新聞紙が吸い取ってくれます。

新聞紙の「においを吸着する力」は、バカにできないんです。

梅雨どきなどは特に、革靴がひどくくさくなってしまうときがありますが、革靴の嫌なにおいも、新聞紙を使った「即席シューキーパー」で、ある程度予防することができます。

やり方は簡単。毎日、家に帰ったら、脱いだ靴に新聞紙をくしゃくしゃっと丸めて突っ込んでおくだけ。下駄箱へ入れると湿気がこもってしまいますから、一度履いた靴は、一晩は玄関先に出しておくようにします。下駄箱へ入れる場合は、換気ができるように扉を開けておきましょう。

1日1足、その日のにおいはその日のうちに。

これをやっておかないと、においのもとがどんどん増えていってしまいます。「予防掃除」と「におい予防」の考え方は同じなんですね。

においは雑菌のバロメーター

いろんなにおい対策の方法を紹介してきましたが、**においのもとは、要は雑菌です。**私は清掃についてお話しするときに、「ほこりをためないことが大事！」と強調するのですが、ほこりもはじめはにおわないんですね。それが、そのまま放置しておくと、雑菌が繁殖して、においが出るようになるんです。つまり、におってからでは遅いんです。

以前、あるお宅へうかがったときのことです。部屋の中に嫌なにおいがありました。

「このにおい、どこからくるんだろう」と、最初はわからなかったんですね。

その家の人に「ちょっとくさいから、掃除機かけますね」と言って掃除機を借りたら、ますますくさいんです。「なに!?」と思ってよく見ると、掃除機のゴミパックがパンパン。ずっと取り替えていなかったようで、そこからくさいにおいが発生していたのでした。

わが家では普段から、掃除機のゴミパックを取り替えるたびに小さじ1杯程度の重曹を入れています。掃除機をかけるとゴミやほこりを吸ってゴミパックにどんどんたまっていきますが、半分ぐらい埋まってきたら、また小さじ1杯程度の重曹を入れます。においを減らす工夫です。

掃除機のフィルターも、定期的に点検が必要です。ほこりがたまっているのを放置するとにおいのもとになるだけでなく、細かい粉塵で目詰まりを起こして空気が流れなくなり、故障の原因になります。だから定期的にお手入れすることが必要です。

と言っているあいだに、まずはくさくなってしまった掃除機をなんとかしなくては。マスクをして、お家の方に窓を開けてもらいました。

「こんなにくさくなる前に、ゴミパックとフィルターのお掃除をしてくださいね」と話しながら、その場で新品のパックに取り替えて、中に重曹を入れました。大さじ2杯分、たっぷりと。

このときはひとまずホースをはずし、接続口にガムテープを貼って、掃除機全体をゴミ袋に入れてギュッと口をしばっておきました。それぐらいしないと、雑菌が飛散するのを防げないと思ったから。掃除機自体は性能のいいものでしたが、手入れをしていなければかえって雑菌の住処《すみか》になってしまうんです。

次に行ったときにホースやヘッドを水洗いして、ようやく一段落しました。

においは雑菌のバロメーターです。においの予防はつまり、雑菌を予防することなんですね。

3章

ほこり、湿気をなくす

空気にも新陳代謝が必要です

わが家の周辺は集合住宅の多い地域なのですが、今のマンションには比較的長く住んでいるので、顔見知りのご近所さんが増えてきました。

あるとき、そんなご近所さんのひとりとおしゃべりをしていました。私が「家の中に湿気やにおいがこもるのが嫌だから、できるだけいつも窓を開けたいよね」と言うと、「本当!? 私はできるだけ窓を開けないようにしているよ」と驚かれてしまいました。

「じゃあ、換気はどうするの？　暑いときとか、どうしてるの？」

そう聞くと、夏でも窓は閉め切って、エアコンをつけっ放しに、冬はほとんど窓を開けずに過ごす、という答え。今度は私が驚く番です。え〜、どうして!?

「だって、怖いじゃない。悪い人が入ってきたらどうするの!?」

年配の人で窓を開けるのを嫌がる人がいますが、なるほど、防犯上の不安も一因なのだと、わかりました。

ただ、家の中を快適に保つという意味では、部屋を閉め切ったままにするのはよくありません。防犯上の不安はわかりますが、一生閉め切った部屋で暮らせる訳もありませんよね。風の通らない部屋はほこりもたまるし、湿気もこもります。

「代謝のよい暮らし」を送るためには、「空気の新陳代謝」も必要です。

では、防犯上の理由で窓や玄関を開けるのが怖い人は、どうしたらよいの？

そういう人にもできることがあって、それは家の中の空気を循環させることです。

わが家では、外出中は「家の中のドア」を開けています。

廊下からリビングにつながるドア。

寝室のドア。

押し入れやクローゼット。

トイレや浴室のドア。

洗面所のドア。

下駄箱の扉も。

廊下を歩くときにちょっと邪魔ですが、こうしておけば、出かけているあいだに、家の

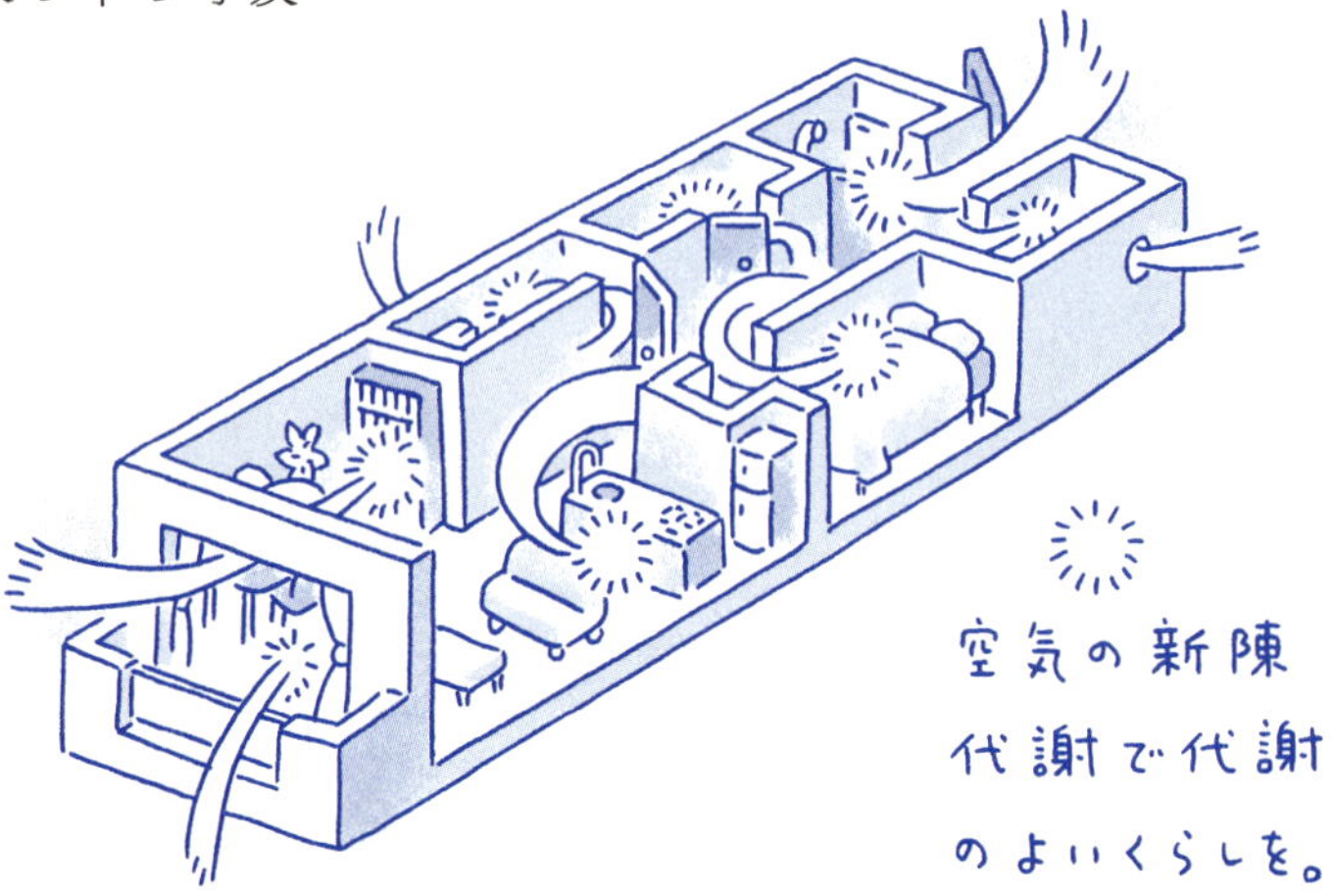

中の空気がある程度かき混ぜられるんですね。

普段あまり使っていない部屋も忘れずに。たとえば、お客さまを泊めるときだけ使う部屋や、子どもたちが大きくなって家を出ていったあとの子ども部屋。ドアを開けた瞬間に「うっ、ほこりっぽい……」ということがあるんです。ときにはカビくさいにおいがすることも。

部屋ごとに温度や湿度が大きく違うと、カビが出やすくなるんですね。人の出入りが少ないとほこりもたまりやすくなります。普段あまり使わない部屋こそ、空気の入れ替えはこまめにしてあげましょう。その部屋に扇風機（サーキュレーター）を置いてまわしておくとより効果的です。

さあ、これでかなり家の中の空気を循環させることができました。

じゃあ外の空気を取り入れなくていいかというと、そういうわけにはいきません。

①外の空気を取り入れて、中の空気を外に出す
②家の中の空気を循環させる

このふたつをバランスよく行うことで、「空気の新陳代謝」ができるんです。

防犯上の不安のある人は、こんなふうにしたらどうでしょう。

たとえば、マンション住まいの場合。マンションの管理人さんはよく、午前中に見回りをしたり、ゴミを回収したり、共用部分の拭き掃除をしたりしていますよね。そういう時間帯を見極めて、それに合わせて窓を開ける。まさかどろぼうも、管理人さんが見回りをしている時間帯にわざわざ来たりしないのでは？

一戸建ての場合でも、午前中は奥さんが家にいるお宅が多いですし、ご主人たちの出勤前ならなおさら在宅率が高いはずです。そういう時間帯に、1時間でも窓を開ける。

奥の部屋で扇風機をまわしておけば、あっというまに古い空気が全部外へ出て、新鮮な空気に入れ換わりますよ。

開けっ放しも悪くない

ときどき、奥さま方のこんな愚痴が聞こえてきます。

「うちのだんなさんは引き出しを開けたら開けっ放し。きちんと閉めてほしいわ」

ふつうはそうですよね。開けっ放しはよくないこと。でも、わが家ではそうとは限りません。食器棚やタンスの引き出し、クローゼットの扉、わざと開けておくことがあります。

なぜかというと、湿気やほこりは狭い空間が大好き。

そして、**湿気とほこりは、汚れとにおいの発生源**。

だから、湿気やほこりがたまらないように、逃がしてやる必要があるからなんです。

たとえば、食器棚の普段あまり開けない扉や引き出しを開けた途端に、独特なにおいがすることがありませんか。

なぜああなるかというと、最初はほこりなんですね。

ほこりは狭いところが好きなので、隙間から入り込みます。うっすらとついたほこりを放っておくと、雨の日や、料理の湯気などで部屋の中の湿度が上がったときに、ほこりが一気に湿気を吸うんです。それが繰り返されると固まって汚れになり、そこからカビやダニが出て、ひどくなると古いぞうきんのようなにおいが発生することに。

食器の下に敷いてあるシートも、ほこりや湿気を吸い込みやすいです。

また、蝶番《ちょうつがい》などの金具部分は油汚れがつきやすく、においが付着しやすいところ。

そういう細かいところほど、定期的に開けて換気をしたり、ほこりとりや拭き掃除をしてあげる必要があるんです。


細かいところを見逃さず、ほこりを未然に防ぐ！


これが、家の中を健康に保つ合い言葉です。

タンスやクローゼットの中も、ほこりが大好きな場所です。洋服から出る細かい糸くずや、人間の皮脂や髪の毛などの微細なゴミが、ほこりになってたまっていきます。「あれ、におうな？」と思ったら、ほこりがたまりはじめている証拠です。

最近は、ファブリック用の消臭・芳香剤がたくさん売られていますが、香りでごまかしてしまおうという考えだったら、それは間違い。においのもとに対処しないと、汚れ自体がどんどん大きくなっていって、もっとにおうようになってきます。すると、じゃあもっと強い芳香剤を……という具合にエスカレート。さらに、強い芳香剤を嗅ぎ続けていると、感覚が麻痺してきて、鼻が利かなくなってしまうんですね。薬品のにおいは大人の体にもよくないですが、いちばんよくないのは、小さい子が遊びにきたときです。子どもの嗅覚は敏感なので、化学的なにおいは刺激が強すぎるんです。本人も嫌がって「おばあちゃんち行きたくない」と言い出す理由になることもあります。

ほこりくさくなりやすい場所は、

・食器棚
・シンクの下、ガス台の下
・タンス、クローゼット

・テレビ台やオーディオラックの裏側
↓ほこり（静電気でほこりがつきやすく、黒く汚れやすい）
・出窓、窓台
↓砂ぼこり、観葉植物などの土（窓ぎわは湿気が多く、汚れやすい）

など。いずれも空気が動きにくい場所なので、意識して風を入れ、こまめに掃除機をかけましょう。難しい場合は、シートを敷くなどして、ほこりを払いやすくする工夫をするといいですね。

「換気口」は人で言えば「鼻の穴」

あなたのお宅では最近「換気口」のお掃除、しましたか？

「しましたよー」

という方もいれば、

「換気口？　そんなのあったかな？」

という方もいるかもしれません。

昔の家にはそもそも「換気口」がありませんでした。

伝統的な日本の家は木や障子紙などの素材でできていましたから、自然にあちこちに微妙な隙間ができて、そこから空気が出入りしていました。「隙間風が入る」と言いますが、風が入るということは、空気が出入りしているということなんですね。

ところが、木造が鉄骨になり、窓枠がサッシになり……と、建築材料や工法が進化するにつれて、「隙間風」が入らなくなります。隙間がないことを「気密性が高い」と言いますが、気密性が高い家は、冷暖房効率がよいなどのメリットがある一方で、換気が不十分になりやすくなります。実際に、シックハウス症候群などの問題が生じました。そのために、2003年から、新しく建てられる住宅には24時間換気システムを備えることが義務づけられました。

少し説明が長くなりましたが、要は、比較的最近建てられた住宅やマンションは、

・窓を開けるなどの「自然換気」
・換気口や換気扇による「機械換気」

というふたつの方法で換気をしているということです。

ハウスクリーニングにうかがうと、この「換気口」にほこりがびっしり、というお宅が少なくないのです。カバーをはずすと、真っ黒なほこりがどどーっとこぼれてくるぐらいたまっているお宅もけっこうあります。

私たちがマスクに手袋で完全防備していても「うわ〜」と思いますから、一般の方は「もう見たくない！」「触りたくない！」と思ってしまうんですね。そうならないためにも、定期的にチェックする必要があるんです。

「換気口」は、人間の体で言えば「鼻の穴」。

そこにいっぱい汚れがついていると、本来の役目を果たすことができません。それだけ

「換気口」は人間の体で言えば
「鼻の穴」です。

でなく、クルマの排気ガスや砂ぼこり、花粉、ときには黄砂やＰＭ２・５など、外からのほこりが入り交じって、雑菌も繁殖しやすい。その空気を吸ってしまっていたら……。

お年寄りが暮らす家ほど換気口をきれいに保ってほしいのですが、お年寄りは新しい家に慣れていないことがあります。「自然換気」が得意な木造家屋に長年暮らした人ほど、「換気口」の存在に気づいていません。加えて、換気口は高い位置についていたり、カーテンの影などの目立たない位置についていたりします。年をとるとなかなかそこまで細かくお掃除をすることができません。

私は、年配の方のお宅では、娘さん息子さ

んの世代が「換気口」のお掃除をしてあげてほしいなと思います。

里帰りのついでいいんです。ものを買うよりもいい親孝行だと思いませんか？

掃除の方法は、換気口の種類にもよりますが、たいていカバーがカパッと取りはずせます。内側についているフィルターをはずし、ほこりを吸い取って、水拭き&乾拭きします。そのあと、フィルターはベランダに干すなどして、しっかり乾かしましょう。干しているあいだに、カバーのほうも水拭き&乾拭きして、乾かします。換気口の本体側の汚れを拭き取ったら、最後に、フィルターをはめて、カバーを元に戻します。

カバーがはずせないタイプの掃除はかなり骨が折れます。奥のほうに羽状のものが何層にもなっている場合が多いので、道具をきちんと準備して行うことが必要なんですね。個人でもできないことはないと思いますが、1年に1回、プロに頼むのもよいと思います。

換気はお日さまと同じサイクルで

換気口の掃除をこまめにという話をしていたとき、こんな方がいました。

「うちはそもそも、換気口、開けたことがありません」

「ええ～、開けなければ、換気口の意味がないじゃない!?」

思わずそう言うと、いつ開けて、いつ閉めればいいのか、タイミングがよくわからない、と言います。

たしかに、閉めっ放しもダメだし、開けっ放しもダメ。

うっかり開けたままにすると、雨が降ったときはどうすればいいんだろう……。

そんな気持ちもわからなくはありません。


換気口の開け閉めは、「お日さまと同じサイクル」を目安にしてはどうでしょう。

中国では、「夜、干しっ放しにした洗濯物を着ると、病気になりやすい」と言われます。

日本でも「夜に洗濯物を干すと縁起が悪い」という言い伝えがありますよね。他にも、夜に爪を切ってはいけないとか、夜は「縁起が悪い」ものとされています。昔の人は、夜には魔物や幽霊が棲んでいる、「陰の気」が満ちていると考えました。

私は17歳まで中国で育ちましたから、今でも、そういう古い言い伝えは信じて、守るようにしているんですね。

だから、寝る前には、家の中のすべての「外とつながっている場所」を閉めます。ドアも窓も、そして換気口も。

翌朝、目が覚めてお天気がよかったら、真っ先に窓を開けて、外の空気を入れます。それから家の中の掃除をします。

そのときに換気口も開けます。

晴れていれば外出中も閉めません。

同時に、換気扇を最低1カ所、まわすようにしています。「換気」は、「換気口（給気側）」と「換気扇（排気側）」でワンセット。換気扇をまわすことで、留守のあいだも家の中の換気がすすむんです。

朝起きたときにお天気が悪かったら、換気口は開けません。要は、お日さまが出ていれば開ける。出ていなければ閉める。

そんなふうに考えてみてはどうでしょうか。

肝心なことは「自分ルール」を決めることです。「お日さまと同じ」が無理でも、たとえば、

- **朝、窓を開けたら必ず換気口も開ける**
- **午前11時になったら閉める**
- **掃除をするときに開ける**

といったように、決めごとをつくって習慣にすると楽になります。

それから、重要なことがひとつあります。

ガスの暖房器具を使うときは、天候や時間帯に関係なく、必ず換気口を開けてください。

マンションの場合はガスストーブは禁止されているところが多いと思いますが、一戸建

てにお住まいの方の中には、今もガスの暖房器具を使っているご家庭があると思います。ガスストーブは、スイッチをつけると「ピピピピ……」と着火して、ポンと火がつきますが、この「ピピピピ」のあいだがとてもガスくさくなるんです。

年をとってにおいを感じにくくなっていたりすると、ガスのにおいに気づかずに、一酸化炭素中毒などの事故につながる場合があるんです。だから、「におったら開ける」ではなくて、「ストーブに点火するときは、3分でも5分でも必ず開ける」というふうに決めておくんです。

もし換気口の開け方がわからなかったら、せめて部屋の扉を開けましょう。そうして、時間のあるときに換気口の開け方、閉め方を練習しておくといいかもしれませんね。

窓を開けたがらない人のためのカビ対策

あるとき、知人からこんなSOSを受けました。

「出窓のカーテンを開けたら、カビが生えてた！」

どうしてそんなことに⁉

よく聞いてみると、加湿器を使いはじめて、出窓に置いていたのだが、あるとき、カーテンの端をふとめくったら、カーテンの陰に隠れていた部分がカビで真っ黒になっていた、と言うのです。

彼女は「寒かったから窓は閉めていたけど、カーテンは開けていたから、まさかカビが生えるとは思ってなかった」と言っていましたが、窓はカビが出やすい場所なんです。

そもそも、窓のカビはどうして出るのでしょうか。

まず、ガラス面にほこりがつきます。特にくもりガラスなどの凹凸のあるガラスはほこりがつきやすい。サッシのふちにもほこりがたまります。

その状態で結露すると、「ほこり＋湿気」という、カビが大好きな環境になるんですね。

いちばんの予防は、窓を開けてしっかり換気をすることなのですが、窓を開けたくない人や、開けられない事情のある人もいます。

そういう場合は、カーテンの開け閉めのときにひと工夫してみましょう。

カーテンのカビ対策

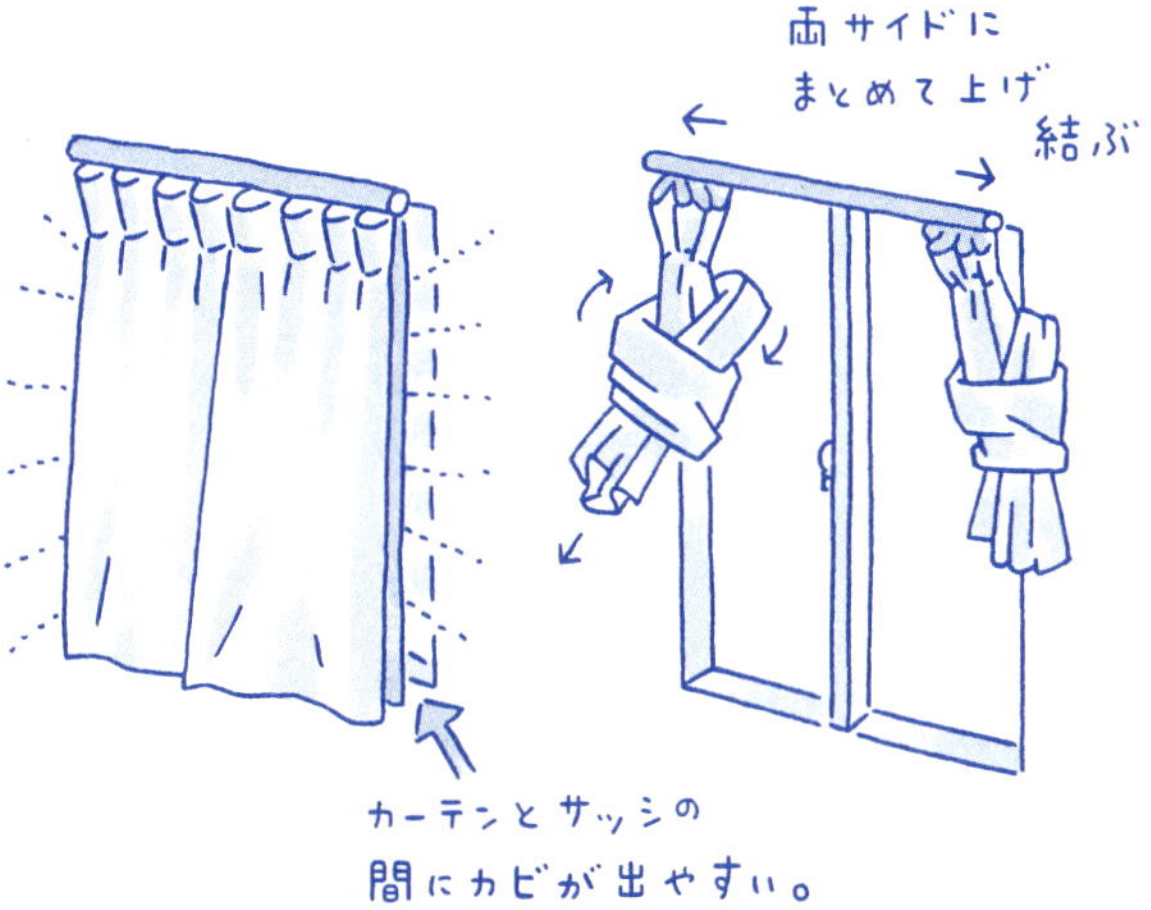
両サイドに
まとめて上げ
結ぶ
カーテンとサッシの
間にカビが出やすい。

通常、家庭の窓には、カーテンが二重にかかっていますよね。レースのカーテンと、厚みのあるカーテン。たいていの人は、シャーッとカーテンを開けたら、そのままたらしておくと思います。タッセルでまとめる人も多いかな。でも、せいぜいそれだけですよね。基本的には、両サイドにぶら下げたままです。その裏側に、カビが出やすいんです。

彼女の場合もそうでした。カーテンで、窓ぎわの湿った空気にふたをするかたちになり、カビが出やすくなっていたんです。

それを防ぐには、カーテンをそのままたらしておくのではなく、真ん中から折るようにして、下の部分を上に上げておきましょう。カーテンタッセル（カーテンを束ねる布）のところにきゅっと挟んでしまえば落ちてきません。

ずっとでなくてもよくて、たとえばお掃除をするあいだとか、換気しているあいだとか。それだけでもまったく違ってきます。

ほこりがたまらないようにしたり、結露をこまめに拭くことも大事なのですが、とにかく風を通すことが大切なんですね。

最近は、結露防止シートを使うご家庭も多いですが、これは水滴が下に垂れないようにするだけで、湿気は残りますから、**結露したら、水分を拭き取って、よく乾かすしかありません。**

もしもカビが出てしまったら。

① ぬるま湯をかけて、表面の汚れをしっかりと拭き取る。細かいところはブラシでかき出す
② 市販のカビ取り剤をかける。しばらくおいてカビの根っこまで浸透させてから、水で洗い流す

「カビキラー」などの塩素系漂白剤を使うと色が抜けてしまうので、私は酸素系漂白剤を使います。

ただ、いずれにしてもゴムの部分は、薬剤を使うとすぐにダメになりますし、変色した部分は元に戻りません。そういう場合、私たちは上からシリコンを塗ったりしますが、シリコンを塗り重ねる前に、カビ菌がこれ以上悪さをしないように、根っこからしっかりと殺しておかないといけません。ご家庭でそこまでやるのは大変です。そうなったら、プロにまかせましょう。

それより、まず、カビを出さないこと。

年をとるとどうしても窓やカーテンの開け閉めがおっくうになってやらなくなったり、外から見られるのを嫌がってカーテンを開けたがらなくなったりします。うちのだんなさんも、まだそんなに年寄りでもないのに、窓を開けたがりません。私は、「じめじめしたところにいたら、体にカビが生えちゃう！」と思うのですが（笑）。

たとえば、夫婦ふたり暮らしなら、どちらか元気なほうが、

「空気を入れ替えよう」

と促して、窓やカーテンを開けるようにしてくださいね。

すべての汚れはほこりからはじまる

昔は、棚の上などを人差し指で触って、ちょっとでもほこりがついたら「お掃除ができていないわね」、なんていうのが怖いお姑さんのイメージでした。

なんだか漫画チックですが、実は、清掃のプロはこのような「ほこりチェック」を毎日やっているんです。たとえば私が働いている羽田空港では、時計塔のてっぺんや手すりの裏まで、光に透かしたり、手で触ったりして、チェックしています。

「ほこりぐらい」と思うかもしれませんが、甘くみてはいけません。**「すべての清掃はほこり取りからはじまる」と言われるくらい、ほこりはすべての汚れのはじまりなんです。**

そもそもほこりとは、

・洋服やソファなどの布製品から出る綿や糸くず（繊維）
・人間の髪の毛や、はがれ落ちた皮膚
・食べこぼしたもの
・外から持ち込まれた土や砂

など、身の回りのありとあらゆるものの、小さな小さなかけらです。これらが絡まりあうと、目に見える大きさのほこりになります。

寄り集まったほこりは湿気を吸い込み、温度も高くなって、ダニや雑菌、カビにちょうどいい環境ができてしまいます。ダニや雑菌が増えると、アトピーやぜんそくの原因になる場合もあるんです。

家の中でも、特にほこりが出やすい場所は寝室です。ふとんや毛布、クローゼットの洋服など、寝室には「ほこりのもと」がいっぱい。ほこり対策は寝室からはじめてみましょう。

わが家ではこんなふうにしています。

・水洗いできるものは水洗い
・水洗いできないものは天日干し（または陰干し）

2章で、わが家では枕カバーは毎日、シーツは2日に1回洗濯すると言いましたが、こまめに洗濯することは、ほこり対策にもなっているんですね。

枕も丸洗いできるものを使っています。

枕の中身に使われることの多いポリエステル綿はほこりをためこみやすい素材です。水洗いすることで、天日干しだけよりも、ほこりの発生を抑えることができます。

洗濯したあとは、水分が残らないようにしっかりと乾かしましょう。なるべく椅子や台の上に置かず、両面に風が当たるように工夫します。

ほこりのメカニズム

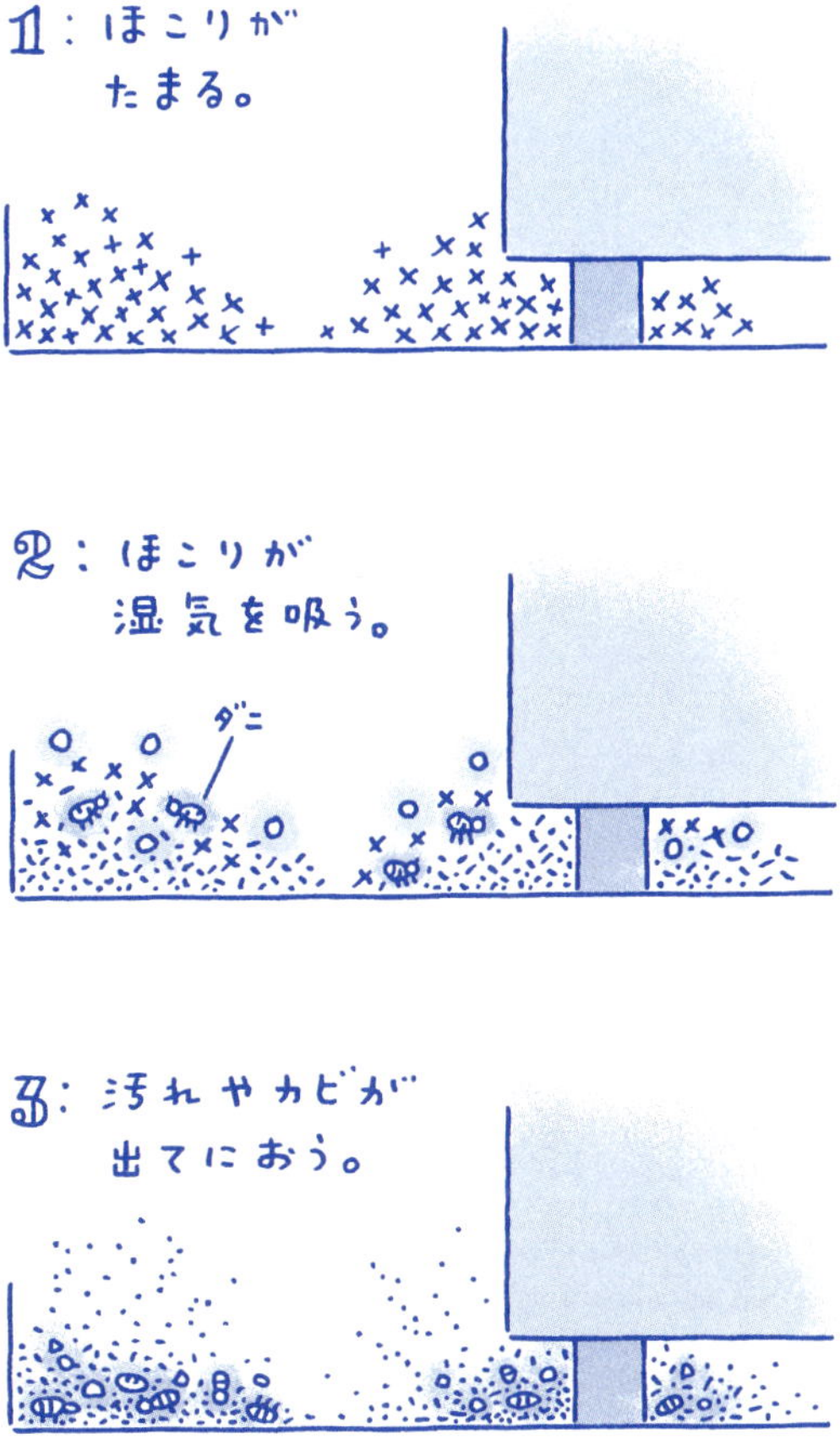

ほこりは汚れとにおいの発生源。

100円ショップで売っている枕干し用のグッズを使うか、ない場合は洗濯ネットで代用します。ネットに入れると型崩れもしにくくなります。日当たりがよいところに干してください。

低反発ウレタンやラテックス（天然ゴム）製の枕など、水洗いできないものは、ほこりを払って、天日に干します。天気が悪くて外に干せないときは、部屋干ししましょう。太陽がなくても、空気に触れるだけで全然違います。においもこもりにくくなります。

羽毛ふとんは、たたかず、ブラシで表面を払います。わが家では、ホームセンターなどで売っている、ブラシつきのふとんたたきを使って、一方向にブラシをかけます。洋服のブラシでも大丈夫です。

毛布やベッドパッドもじゃんじゃん干して、天日に当てます。

全部いっぺんに干そうと思うと大変ですから、今日は掛けふとんと枕、翌日は敷きふとんとベッドパッド、というように、ローテーションをつくるといいですね。

そうすると、ほぼ毎日のように何かしら干すものがあるんですね。家にいる日は、晴れていれば必ずふとんを干すので、だんなさんに「また？　昨日も干したんじゃないの？」と言われるくらい（笑）。

でも、それがいい運動になるんです。

寝室を快適に維持するのはけっこう大変。ですが、体力づくりもできると思えば一石二鳥ですね。

晴れマークが2日以上続いたら

わが家では、毛布は天日干しするだけでなく、定期的に洗濯機で丸洗いしています。

わが家の洗濯機は、ドライコース付き、10キロの大容量。一般的にふたり暮らしだと5キロから7キロぐらいの洗濯機をすすめられます。でも店員さんのおすすめを振り切って、「大物を洗いたい！」の一心で今の洗濯機を選びました。

毛布とベッドパッドは家の洗濯機で丸洗い。こたつカバーも洗います。水洗いするとほこりも抑えられますし、さっぱりして気分がいいんですよね。

一方で、毛布やベッドパッドは濡れるとかなり重くなります。洗濯機から取り出して干すのも重労働。年配の方や、体に不自由がある方は、「私ひとりではちょっと無理だわ」と思うのも当然です。また、「子どもたちも独立したし、小さい洗濯機に買い替えたばかりだわ」という方もいると思います。そういう場合は、専門のクリーニング店に頼んでくださいね。

ここでは、毛布の丸洗いができる洗濯機を持っていて、「自宅で洗う方法を教えて！」という方向けに、新津流のポイントをお教えします。

まず、お使いの毛布の洗濯表示を見て、洗濯機洗い（または手洗い）のマークがついていることを確認してください。

最近の高機能洗濯機には「毛布コース」や「大物洗いコース」がついています。取扱説明書を見ると、洗濯ネットに入れるとか、ドラム式の場合はお洗濯キャップを取り付けるなど、洗うときの注意事項が細かく書かれていますので、それに従えば、あとは洗濯機が洗ってくれます。

ここまではとっても簡単。

ポイントは干し方です。

布団の干し方

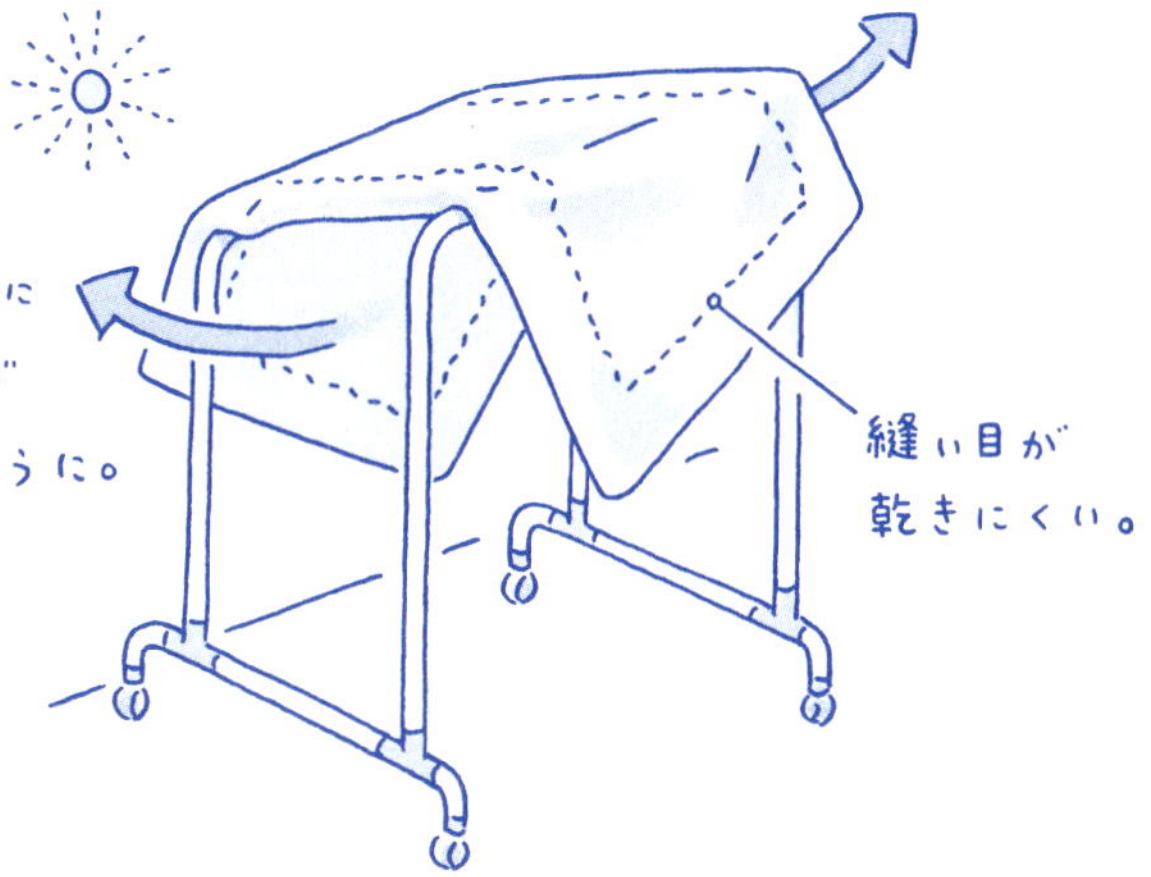
真ん中に
空気が
通るように。
縫い目が
乾きにくい。

① 必ず2日間干す

② 物干し竿を2本使って、真ん中に空気が通るようにして干す

少しでも湿気が残っていると、カビやにおいのもとになりますから、とにかくしっかり乾かすことが大事なんです。

2日間、晴れの日が続けばベストですが、そうでなければ1日は日光で、もう1日は部屋の中で乾かします。干すときは、2本の物干し竿にまたがるように干します。真ん中に風が通るようにするんですね。少し斜めにして、角と角が重ならないようにすると乾きやすくなります。

縫い目がいちばん乾きづらいので、縫い目のところを触って乾いていればオーケーです。

最近よく見る「洗えるふとん」の場合。干し方は毛布と同じでよいのですが、ひとつやってほしいことがあります。ふとんはキルティング状になっていて、ひとつひとつの袋の中に中綿が入っています。濡れた状態だと袋の中で中綿が下に落ちて固まってしまいます。それをほぐすために、干したら、外からパンパンと軽くたたくんです。中綿や羽毛が舞い上がるようなイメージで空気を入れていくのがポイントです。

清潔さは癒やしになる

34ページでお話しした、病気で入院した年下の友人の話です。

退院後、しばらく自宅で療養していたときのこと。

「ベッドで横になっていたら、カーテンが妙に気になって」

しばらく洗ってないなとか、ほこりがいっぱいついているんだろうなとか、そんなことが気になって気になって仕方がない。元気で忙しくしているときは気にならなかったのに。居ても立ってもいられなくなって、「いててて」と手術の傷を押さえながら、カーテンをはずして洗濯したのだそうです。

「傷跡は痛むし、体力が落ちているからひとつフックをはずしただけで疲れちゃうし、カーテンを洗うのってこんなに大変だったっけ!? と思いました（笑）」

他にも、自分が療養している環境を少しでも快適にしたいと、ものを片付けたり、机や本棚を拭いたりしたそうです。

体が弱っていると、自分がいる部屋が清潔であることは、心安らかに過ごすためにとても重要なんです。

ところで、本来、カーテンを洗うときは、洗濯機に入れる前に、カーテンに掃除機をかけたほうがいいのをご存知ですか？

実は私も、以前はカーテンをレールから取りはずしたらそのまま洗濯機に入れていました。でも、そのやり方だと、洗い終わったあとにカーテンのひだの部分に洗濯ゴミがついてしまうことがあるんです。長いあいだ吊りっ放しのカーテンは、ほこりはもちろん、花粉や黄砂、排気ガスなど、空気中の汚染物質をいっぱい吸い込んでいるんです。カーテン自体が繊維が落ちやすい生地でできていることもあります。そういったほこりやゴミが固まって、ひだの隙間などに残ってしまうんですね。

これはダメだと、ひとつ手順を増やすことにしました。

マスクをしてから、カーテンをはずし、ほこりを立てないように、そーっとベランダへ運びます。そして、ふとんたたきでたたいて、一気にほこりを払うんです。

そうした上で洗濯してみたら、ゴミはほとんどつきませんでした。でも、一度成功しただけでは本当に大丈夫かどうかわかりません。

何度か試して、確かめてみました。うん、大丈夫。以来、わが家でのカーテン洗いはこの方法になりました。

カーテンをはたくスペースがない場合は、吊るしたままの状態で掃除機をかけます。

カーテンは、洗濯機に入れる前のひと手間で、しっかりきれいに。

洗濯機にもやさしいし、排水口の掃除が楽になるので自分にもやさしい。

さらに、洗濯機がまわっているあいだに、フックも洗ってしまいましょう。洗面器にぬるま湯を張り、衣類用の洗剤を溶かしておいて、はずしたフックを入れます。カシャカシャと洗って、よくすすいだら、広げたタオルの上に並べてベランダで干します。

カーテンレールを拭くのも忘れずに。

私の場合は、家じゅうのカーテンを一気に洗うので、「明日はカーテンを洗うぞ」と決めたら翌朝はがんばって少し早起き。朝いちばんでカーテンを洗います。そうすると夜までにはしっかり乾いていますから。

洗い立てのカーテンで過ごす休日は、気分よくリラックスすることができますね。

ラグと上手に付き合ってくつろぎのリビングに

カーテンと同じくらいほこりやゴミが気になるのは、ラグやキッチンマット、バスマットのような、敷物じゃないかなと思います。

丸洗いできたらさっぱりするだろうなと思うけど、大きさも材質もさまざま。洗濯機で洗えないものも多いですし、洗濯機洗いオーケーでも、床に置いてあったものを洗濯機に入れるのは抵抗があるという人もいるかもしれません。

かといって、裏張りのあるようなラグをクリーニングに出すとかなりお金がかかります。「これだったら新品を買ったほうが安い」と思うくらい。

やっぱり、ちょっと大変でも家で洗う方法を知っておいたほうがよさそうです。

リビングのソファの前に敷く4畳から6畳ぐらいのラグで考えてみましょうか。

ほこりがたまるのを防ぐには、何はともあれ、こまめに掃除機をかけること。

1週間に1回程度、「たわしのタオル包み」でなで拭きをしましょう。掃除機を毛足を逆立てる方向にしっかりかけます。そのあと、「濃いめの重曹水」（46ページ）で絞ったタオルで亀の子たわしを包んで、表面をぐるぐるとなでます。汚れをタオルに移すようなイメージですね。そのあと水拭き&乾拭きして仕上げます。

水洗いをするのは年に1度、大掃除のときくらいで大丈夫。

前項のカーテンと同じで、ラグもいきなり水にはつけません。濡らすとかえってほこりやゴミが外に出てこなくなるからです。まずはほこりやゴミをしっかりと取り除く作業から。必ずマスクをつけて行ってください。

① 表面に掃除機をかける
② 裏返せるものは裏返して、裏面にも掃除機をかける
③ バタバタと振ったり、ふとんたたきでパタパタとたたいたりして、ゴミやほこりを落とす
④ 落としたゴミやほこりを掃除機で吸い取る

裏返してバタバタすると、こんなに！というぐらいほこりが出てくるんですね。それをしっかりと吸い取ったら、三つ折りぐらいに折って、お風呂場に持っていきます。

⑤ 水をかけて流す。そのとき、水の流れが一方通行になるようにする

⑥粉末の洗濯洗剤をパラパラとふりかけて、亀の子たわしをぐるぐると回すようにして洗う
⑦すすぎをする。注水しながら足で踏んでいく
⑧すすぎ終わったら、足で踏んで水を絞る
⑨ある程度水分を絞ったら、浴槽のへりにかけておく

浴槽のへりにかけておくと自然に水が切れていき、1時間ほどすると持ち運びが楽にできるくらいの重さになります。まだずっしりと水を含んでいるようなら、もう一度足で踏んで。そのあと、物干しなどに干します。

裏に滑り止めがついているものがありますが、劣化して滑り止めがボロボロ落ちてくるようになったら買い替えどきです。「使えないわけじゃないからもったいない」と思う人もいるかもしれませんが、消耗品以外のものも、数年おきぐらいでゆるやかに「新陳代謝」したほうがいいんですね。今は大手のインテリアショップで比較的手に入りやすい価格で売っています。

ラグの洗い方

1.

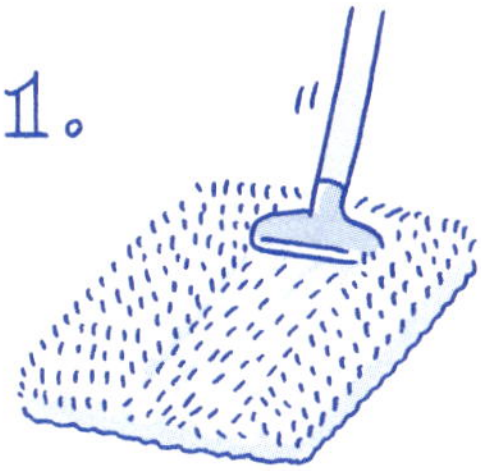

表に掃除機
をかける。

2.

裏にも掃除機
をかける。

3.

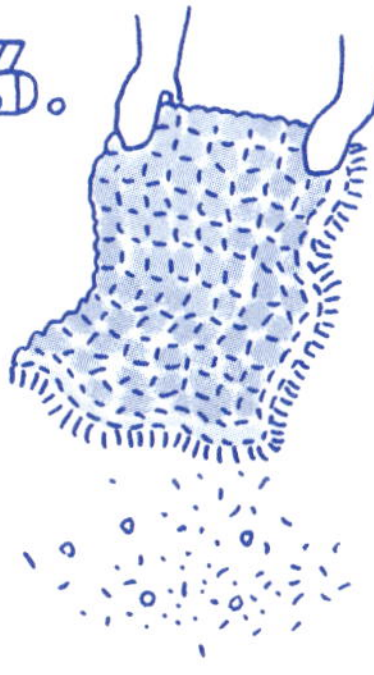

振ったり
たたいたりして
ゴミ・ほこりを
落とす。

4.

落ちたゴミや
ほこりを掃除機で
吸い、もう一度ラグに
掃除機をかける。

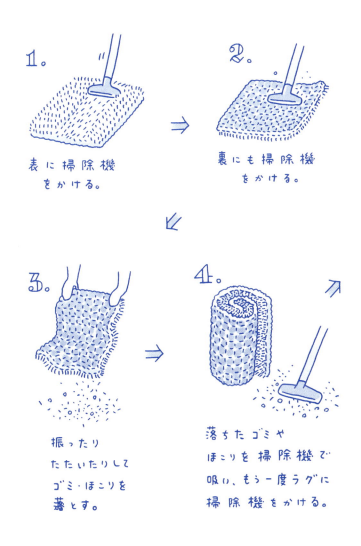

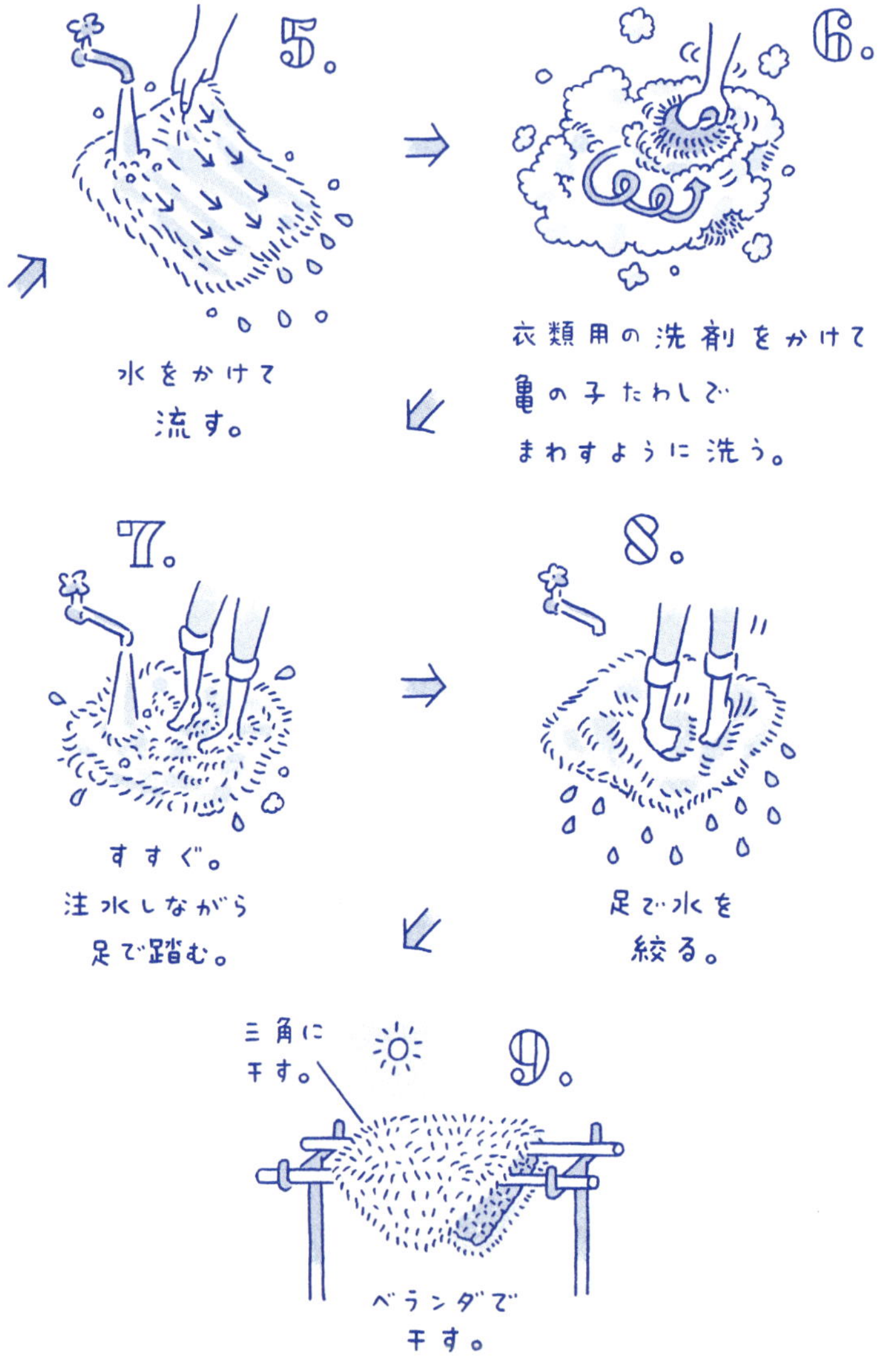
5.
水をかけて
流す。
6.
衣類用の洗剤をかけて
亀の子たわしで
まわすように洗う。
7.
すすぐ。
注水しながら
足で踏む。
8.
足で水を
絞る。
9.
三角に
干す。
ベランダで
干す。

年配の方で大きい買い物が大変な場合は、娘さん息子さんが手伝ってあげてください。ほこりがたまるのが嫌でラグを敷かないという方もいますが、ラグは床からの冷気を防いでくれますし、座ったり寝転んだりするのはくつろぐもの。赤ちゃんがハイハイしたり、小さい子が走り回ったりしても、ラグが清潔だと安心しますよね。

エアコンは最大のほこりの発生源

長年連れ添った夫婦でも、ちょっとしたケンカのタネになるのが、エアコンではないでしょうか。

暑がりのだんなさんが設定温度を下げる。寒がりの奥さんがスイッチオフ。

「せっかく晴れているんだから」

奥さんが窓をパーっと開けると、

「閉めてくれよ。外の車の音もうるさいし」

涼しい部屋でゴロゴロしていたいだんなさんは不満顔です。でも、掃除機をかけたい奥さんは、ほこりが舞うから窓を開けたいんですね。

「何言ってるの。ずっとクーラーの中にいると風邪ひくよ」

この会話、何を隠そう、わが家の会話です（笑）。

うちのだんなさんはエアコンをつけたがる人で、私が注意しなければ、24時間、エアコンをつけっ放しです。

一方、私は窓を開けたがるほう。体のことも気になりますし、部屋の空気をきれいに保つためにも、窓を開けないのはよくないんです。部屋を閉め切ってエアコンをフル稼働させると、エアコンが湿気とほこりをどんどん吸い込みます。


エアコンは、最大のほこりの発生源です。

うちのだんなさんとは反対に、年配の人にはエアコンが苦手な人も多いので、「何年もスイッチも入れていないし、掃除もしていない」というお宅もあるかもしれません。でも最近は、夏場の熱中症予防のためにエアコンが必要な場面も増えてきました。使うのであれば、きちんと掃除していく必要があります。

エアコン清掃でまずチェックするのは、「自動お掃除機能」がついているか、ついていないか。さらに、「自動お掃除機能」といってもいくつか種類があるんです。

以前、こんなことがありました。

エアコン清掃の依頼を受けてあるお宅へうかがったときのことです。カバーをはずして中を見ると、ダストボックスの中に、真っ黒な石のようなものが！　長年たまったほこりが固まってしまっていたんです。

「これ、買ってから一度もお掃除してないですか？」と聞くと、「いや、うちのはお掃除ロボットがついているやつだから、掃除いらないんです」という答え。

これ、「自動お掃除」の意味を間違えているんです。

エアコンの「自動お掃除機能」は、大きく分けると、「フィルターのほこりを自動で除去するタイプ」と、「フィルターに加えて熱交換器も掃除するタイプ」があります。

後者のほうが高機能で、汚れを洗い流して外へ逃がします。業務用はこちらが多いですね。

前者は、フィルターについたほこりをロボットがざーっとかきとって、中にあるダストボックスの中にためる仕組みです。だから、たまったゴミを捨てるのは人間の手で定期的にやらないといけないんですね。

　お客さまのエアコンは、そちらの「フィルターのほこりを除去するタイプ」でした。お客さまはそれを知らなかったので、ほこりがカチカチになって、大変なことになっていたのですね。

「自動清掃」や「お掃除不要」と書いてあると、「掃除しなくていいんだ！」と思ってしまうかもしれませんが、「自動フィルターお掃除機能」の効果は、せいぜいフィルター掃除の頻度を少し減らす程度です。

「フィルター汚れていないかな」とまめにチェックするようにしましょう。そして、ちょっとでもほこりがついていたらすぐにとる。ほこりがびっしりついた状態でエアコンを使うと、かえって空気を汚すことになりますし、エアコンの効きが悪くなり、電気代もかかります。

　ごく最近、家庭用のエアコンで、フィルターに加えて内部の熱交換器やファンも洗浄するタイプも発売されましたが、とても高価です。

　熱交換器やファンはカビが出やすいところ。ですが、外から見えないので、汚れていることに気づきません。そのままにしていると、吹き出す空気にのってカビや雑菌が部屋の中に舞いこんで、アトピーやぜんそくなどの病気のもとになることもあります。エアコンの「しっかり掃除」は、1シーズンに一度、プロにやってもらうことをおすすめします。エアコンの表面もまめに拭いて、ほこりが落ちてこないようにしてくださいね。

実家の窓拭きで家族が笑顔に

12月のある日のことです。

羽田空港で清掃のパートをしている若いスタッフさんがこんなことを言っていました。「年末に帰省するよって母親に連絡したら、『帰ってきたら大掃除手伝ってね、あなたは窓拭き担当ね！』って。大掃除要員としてあてにされてました（笑）」

窓をピカピカにすると、部屋が一気に明るくなりますよね。

年末の大掃除のときだけでなく、月に1度は「しっかり掃除」をしましょう。固まってしまったほこりや土砂の汚れは落としにくいので、固着する前に落とすのが、窓掃除を楽にするコツです。「予防掃除」の考え方です。

窓ガラスは、内側と外側で掃除のしかたが違います。

まず、内側。

窓の内側の汚れは、手垢やほこり、油汚れなどです。

いちばん手軽なのは、濡らした新聞紙で拭くことです。昔からの知恵なので、年配の方にはそうやって窓拭きをしている方もいらっしゃるかもしれません。

「インクで黒くなりませんか!?」と心配になるかもしれませんが、大丈夫です。むしろ、インクが含む油分が、効率よく汚れを落としてくれます。

ただし、新聞紙だけだとつかみにくいし、段差や突起に手が当たってケガをする危険性もあります。新聞紙を適度な大きさに切って、スポンジでくるんで使うと持ちやすく、安全性を高めることができます。

次に、外側です。

窓の外側の汚れは、土砂によるものです。

放置しておいた土砂は乾燥して、固まっています。そこをいきなり新聞紙でこすると、

窓の外側の掃除

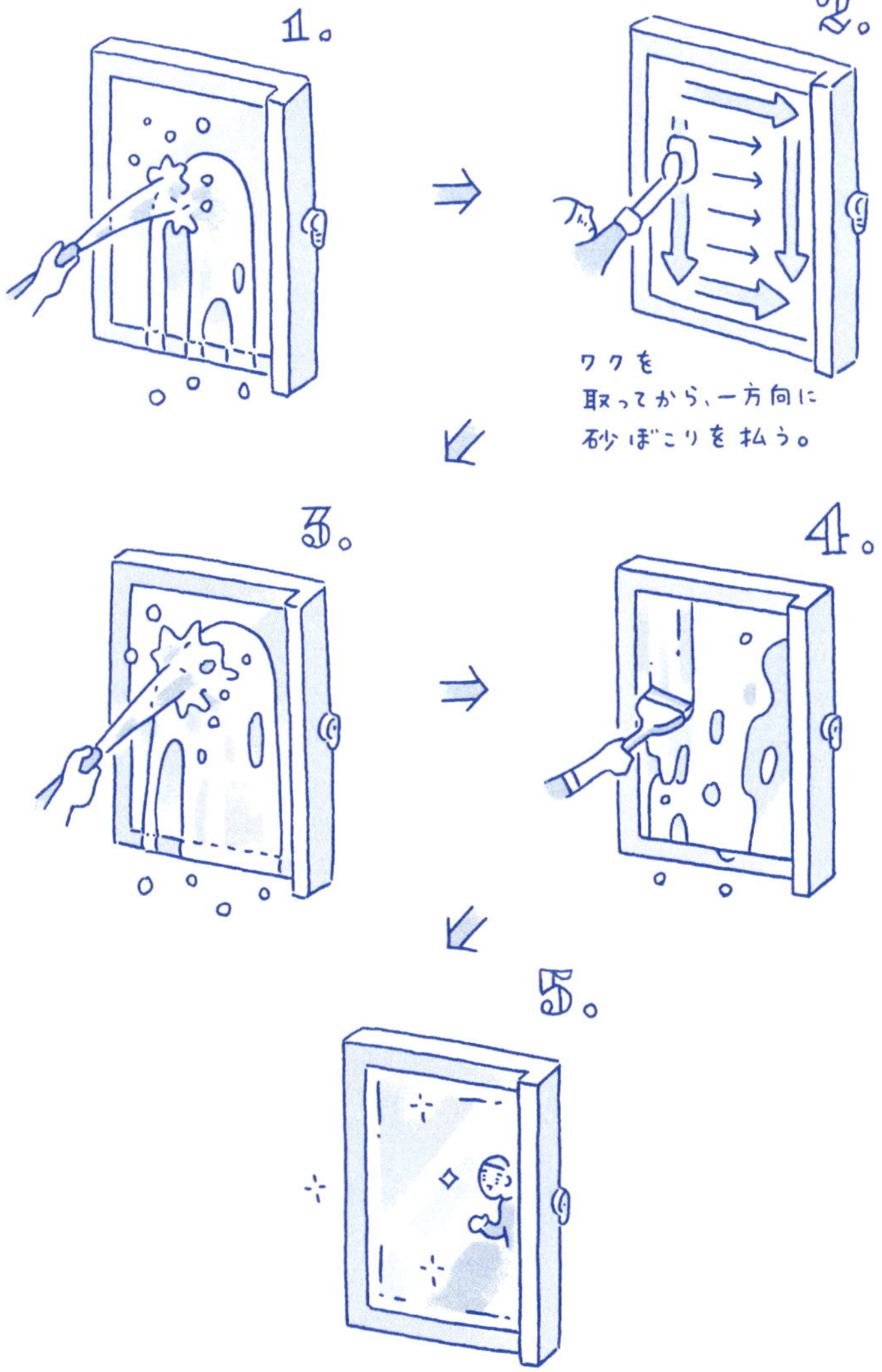

ヤスリにようになって、ガラスを傷つける恐れがあります。なので、外側に新聞紙は使いません。

まず窓ガラスについた土砂を一度洗い流してから、表面に残っている砂やほこりを、タオルを一方通行に動かして払い、それから水を撒いて、スクイージーで水気をかきとります。あとは自然乾燥で大丈夫。

内側と外側、汚れの種類を見分けることができるようになると、お掃除はもっと楽になります。失敗することもなくなります。

その若いスタッフさんは

「親も年をとってきたから手伝ってあげないと」

と笑っていましたが、彼女も清掃のプロです。きっと、ご実家の窓ガラスをピカピカにしたのではないかなと思います。

一日のはじまりの場所

私の朝の日課は、仏壇に手を合わせることです。

仏壇の内外《うちそと》のほこりを払い、ごはんとお水をお供えして、手を合わせます。そして「今日はいいお天気ですよ」などと、亡くなったお義母さんと少しおしゃべりします。そうすると「よし、今日も一日、がんばるぞ！」という気持ちになれるんですね。

旅行や出張で数日家をあけるときは、帰ってくるとまず仏壇が気になります。留守のあいだにほこりがついているだろうなと思うから。仏壇の中には仏さまがいるわけですから、常に仏さまに気持ちよく過ごしてもらえるようにしておきたいと思うんですね。

ご家庭によっては、神棚があるかもしれません。亡くなった方の写真を飾っているかもしれません。どれも大切な神さまだし、仏さまです。

もしも神さまや仏さまがいる場所がほったらかしにされているとしたら、ちょっと悲しいなと思います。「そういえば最近手をかけてないな」と思ったら、さっそく仏壇や神棚に手を合わせてあげてください。

日常のお掃除は、やわらかい布で拭くのが基本です。

年に数回、お彼岸やお盆、年末などの機会に、本格的なお掃除をします。仏壇や神棚は、傷つきやすいものが多いです。特に漆や金箔の部分は素手で触らないようにするなどの注意が必要です。

昔の日本では、家に仏壇や神棚があることは当たり前でした。ですが、マンションがたくさんできて、核家族化でおじいちゃんおばあちゃんと一緒に住まないようになって、次第に仏壇や神棚を置く家は少なくなりました。

それはそれでいいと思うんです。私の知り合いでも、子どもがいないからとか、もうすぐ外国へ移住するのでなど、仏壇を置かない人も少なくありません。

一方で、仏壇こそないけれど、ごく簡略化された仏具をタンスの上に置いていたり、お位牌だけまつっていたりするお宅も増えているような気がします。

住まいもライフスタイルも現代的になりましたが、やはり何かしら手を合わせる場所があると、落ち着くのかもしれませんね。せっかく家の中に神さまや仏さまのいる場所をつくるなら、すっきり清潔な場所にしておきたいですね。

4章

1000円で、ピカピカにする

あると便利な道具②

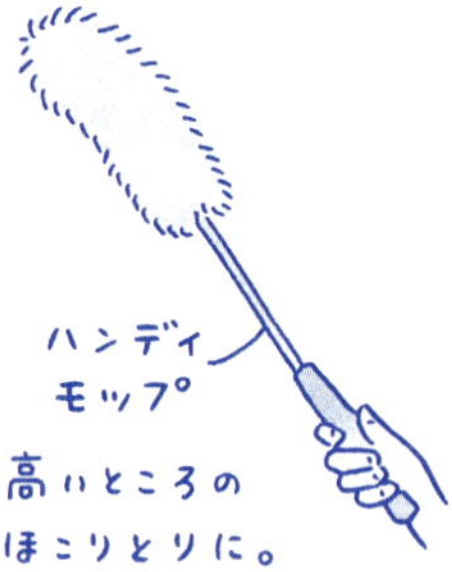
ハンディ
モップ
高いところの
ほこりとりに。

タオル
薄手で廉価な
ものが一番。

重曹
BAKING
SODA
ベーキングソーダ
重曹
1kg 300円
しませんよ。

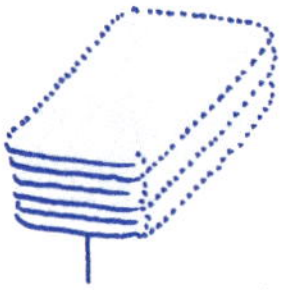
マイクロファイバー
クロス

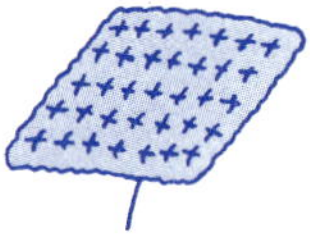
吸水クロス

ゴム手袋

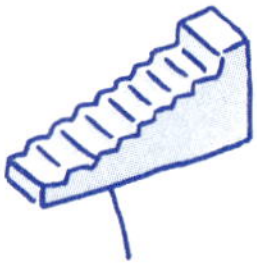
ドアストッパー

あると便利な道具①

バケツ

スクイージー

たらい

スプレー容器

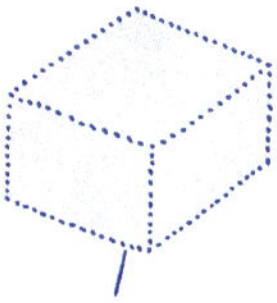

メラミンスポンジ

柔らかい

固い

基本のスポンジ

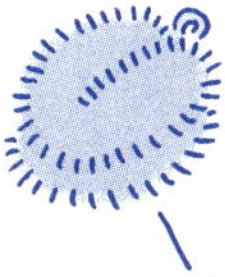

しっかりめの掃除で活躍します。

たわし

１００円ショップ活用術

いろんなご家庭にお掃除のサービスにうかがっていて思うのは、「家事の手順は十人十色」ということです。

お掃除も片付けも、お洗濯も、何十年も主婦をやっていれば、自分なりにやりやすい手順ができていくんですよね。

それでいいと、私は思います。

たとえば洗濯用洗剤なども、「少量できれいに落ちる！」などの新機能をうたった新製品が次々に発売されますが、年をとると、ほんの少し計量のやり方が変わるだけで戸惑ってしまうこともあります。使い慣れた洗剤を無理に変える必要は、基本的にはありません。

一方で、新しいものにトライする好奇心を持ち続けることも必要だと思います。「あ、こんなの出てる。試してみよう」という具合に家事を楽しんでいる人は、家の中も生き生きとしているなと思います。

たとえば、キッチンにかわいいかたちのスポンジがちょっと置いてあったり。便利なお掃除グッズもたくさん出てきていますから、気になるものがあったらどんどん試してみてはいかがでしょうか。

今の若い主婦さんたちは、100円ショップのグッズを上手に使って、部屋をきれいにしたり、掃除を楽にしたりする工夫をしていますよね。「楽をする」と言うと、長年にわたって家事をきちんとやってこられた方ほど、「サボるみたいで抵抗がある」という気持ちになるようですが、楽をするのは悪いことではありません。ひとつの作業が楽になれば、余った時間や体力で、他のことができますからね。

ここでは、「みなさんが意外に持っていないけど、あると便利なもの」を中心に、ご紹介したいと思います。

❖スプレー容器

スプレー容器には、ヘッドの形状が「霧吹き」「直射」「泡」の3種類のものがあります。切り替えのできるものもありますが、いちいち口のところをねじるのは、お年寄りにはやさしくない。スプレー容器をいくつか買って、「霧吹き」「直射」「泡」と大きく書いて

洗剤をとどけるように。
ときには、スプレーを寝かせるなど工夫して。

おくとよいと思います。中身は使い慣れたものので大丈夫。ご紹介した重曹水（47ページ）でもいいですし、台所用洗剤を薄めたものやクエン酸水でも、水を入れるのでもいいんです。

「霧吹き」のときは、シュッとやると思った以上に広範囲に飛び散るので、強めの洗剤を入れているときはマスクをしたほうがいいです。薄めの洗剤や重曹水などのときでも、見えないところに飛び散っていたり、知らないうちに吸い込んだりすることもあるので、あまり遠くから吹きかけないほうがいいですね。

ソファの布地など、洗剤液を裏まで浸透させたくないときは、真上から噴射しません。手を横に倒して、手首を返すようにしてシュ、シュとかけていくんです。**1カ所に何度もかけず、薄く表面にのせるように少しずつずらしながらかけていきます。**

そうすると使う洗剤の量を抑えることにもなります。話を聞くと、洗剤をかけすぎている人が多いんですね。一カ所にブワッと出すのではなくて、少しずつずらしながらちょこちょことかけていくほうが、拭き取りや仕上げが早くできます。

❖ゴム手袋

ゴム手袋の干し方

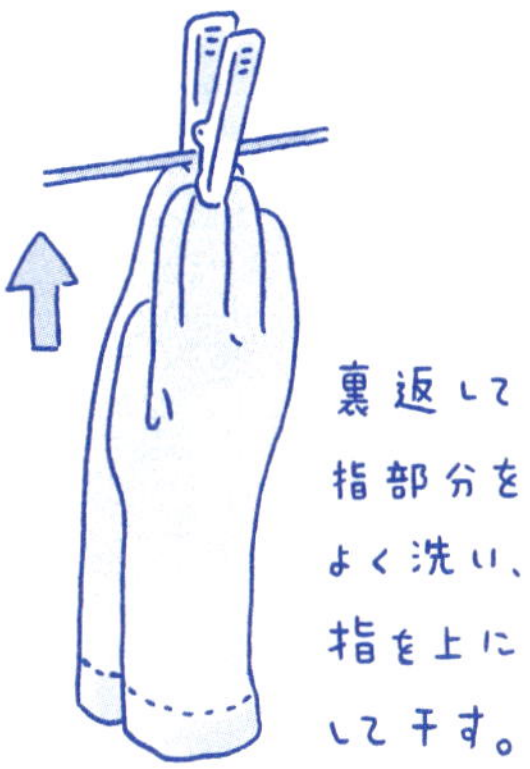

裏返して
指部分を
よく洗い、
指を上に
して干す。

ゴム手袋は、色違いでいくつか用意して、場所ごとに使い分けましょう。

キッチン用、リビング用、トイレ用、窓やベランダなどの屋外掃除用、ガーデニング用、クルマを持っている人なら洗車用、という具合に用途別に考えていくと、5~6双あってもいいかもしれません。

高いところを拭くときは、手首側を2セン

チぐらい折り返します。そうすると、洗剤液が垂れてきても、折り返し部分がキャッチしてくれます。

お掃除が終わったら、外側だけでなく、裏返して内側もしっかり洗いしましょう。干すときは裏返しのまま、中指の先をピンチに挟んで、開口部が下になるように干します。乾いたらくるっと丸めて掃除道具入れにしまいます。

ただ、毎回お手入れするのは慣れないと大変です。以前、家事に慣れないひとり暮らしのおじいさんに「使い捨ての手袋でもいいですよ」と言うと安心していました。薄手のポリエチレン手袋は１００枚入り１００円程度で売っています。換気扇の掃除など、油汚れで真っ黒になるようなときにも便利ですね。

❖スポンジ各種

基本のスポンジは、自分の手に合ったサイズで、つかみやすく滑りにくいものを選びましょう。

薄いパッドタイプのものは、シンクなどカーブになっている面を掃除するときに。

網目状のものは、こびりつきをとるときなどに使います。

クレンザーを使うときは、目が細かく均一で、やわらかいスポンジを使います。目の粗いスポンジだと、研磨成分がスポンジの奥に入り込んで効果が薄れます。

メラミンスポンジ（メラミンフォーム）は、「激落ちくん」などの商品名で売られている新素材スポンジです。メラミンフォームが得意なのは、ざらざらした表面。細かい凹凸の中に入り込んだ汚れを取るのに使います。たとえば、タイルの目地や、細かい凸凹のあるくもりガラス。要は、細かすぎて普通のパッドでは溝やしわに入っていかないときに使うんです。スニーカーを洗うときに、ソール（靴底）の表面の泥が落ちにくいことがありますが、そういうところにも使えます。使うときは水をしっかり含ませて、軽い力で少しずつこすります。つやのあるものに使うのは避けましょう。

❖たわし

たわしは、棕櫚《しゅろ》やパームやしの繊維から作られる天然繊維のものが主流です。

たわしが得意なことは、ざるやおろしがねのような目のあるものや、すり鉢などの溝や隙間のあるものを洗うことです。貝類やじゃがいもなどの食材を洗うときも、たわしでごしごし。

マットレスやキャンバス地の汚れをとるのにも向いています。ズック靴を洗うときにも使いますね。カーペットやラグに、タオルにくるんで使う「たわしのタオル包み」という使い方もあります。たわしを包むことで、汚れをかき出して取り切るようにするんですね。

お料理用とお掃除用がうっかり混ざらないように、リボンをつけて目印にします。リボンといっても、古着を切った布を金具のところにちょっと結ぶだけ。

お掃除のときに歯ブラシを使うことがあると思いますが、たわしと歯ブラシ、大きさは違いますが得意なことは似ています。歯ブラシも細かいでこぼこや編み目が得意。洋服についたちょっとした染みなど、たわしでは大きすぎるなという場合は、歯ブラシを使います。

❖吸水クロス、マイクロファイバー製のクロス

吸水クロスはその名のとおり吸水性の高さが特徴ですが、湿ったままにしておくと雑菌が増えやすくなります。毎日1回、しっかり乾かしましょう。においがしたり、ちょっとぬめっとするなと思ったりしたら、重曹水につけ置きします。

ひねって絞ると切れやすいので、タオルに挟んで押すように絞ります。

吸水クロスは介護の現場などでも重宝されています。介護は赤ちゃんのお世話と同じで、食べこぼしや飲みこぼし、おしっこやよだれなどもひんぱんに拭き取りますので、タオルを使っていると、どうしてもにおいが取れなくなるんですね。その点、吸水クロスなら、ある程度使ったらパッと捨てて、新しいものに取り替えることができます。

マイクロファイバー製のクロスも吸水性にすぐれています。ほこりをキャッチし、油汚れや皮脂汚れを楽に拭き取ることができるので、手で触った窓ガラスや、ドアノブや手すり、素足で歩いたあとのフローリングの拭き掃除にも適しています。

ただし、静電気の多いところは苦手です。テレビの液晶画面などは、ぬらして絞ったタオルを乾いたタオルでくるんで絞る「湿り拭き」の要領で拭きます。

洗濯機で洗うことができますが、繊維にゴミが絡んでしまうので、他のものと一緒に洗うのは避けましょう。

❖ハタキ、ハンディモップ

高いところのほこりとりにはハタキやハンディモップがあると便利です。タオルで拭くのでももちろんいいのですが、椅子や踏み台に乗ると危ないことがあるので、手を伸ばしてパッパッと払えるように、ハタキやハンディモップを使うといいんですね。

昔は先端が布でできていましたが、最近はマイクロファイバーのものもあります。使ったらすぐハンディ掃除機で吸い取るなどして、ほこりを取り除いておきましょう。ときどき水洗いをします。水洗いをしたらしっかり乾かしてくださいね。

柄の長さは、使う人の身長や用途に応じてお好みで。カーテンレールや照明の傘のほこりを払うくらいだったら、柄の長さは30～40センチほどあればよいと思います。「天井のほこりとりまでしっかりやるぞ」という人はホームセンターに行くと伸縮タイプが売っています。

柄の部分は拭いて、ときどきアルコール除菌をするといいですね。

❖掃除道具を入れるカゴ

掃除道具は管理しやすいように、カゴにまとめておきましょう。

トイレ用、お風呂場用という具合に必要な道具をまとめておくと、いざお掃除をしようというときにカゴごとパッと取り出すことができます。

通気性を考えると側面がメッシュになっているものがいいと思います。

買い置きや消耗品もカゴに入れて整理します。住居用の洗剤、いろんな種類のゴム手袋、排水口のネットなんかもここです。「掃除にまわそう」と思っている着古した洋服も、適当な大きさに切ってカゴに入れます。

洗濯機まわりも同様です。お風呂場用の掃除道具はカゴに入れて定位置に。うちはスポンジ、洗剤、スクイージーに、排水口のキャップを掃除するための歯ブラシも入れています。ホース類、洗濯ネットなどは書類ケースに入れて、突っ張り棒の上に並べています。

ストッパーのさし方

❖ドアストッパー

扉をドアストッパーできゅっと固定しておくと、お掃除がしやすくなります。

使い方にコツがあって、ドアの裏側、壁側のほうにさします。

ふつうは人が通るほうからキュッとさし込むと思いますが、それだとうっかりドアストッパーにつまずく危険性があるんですね。人が通らない側にしたほうが、転倒事故を防ぐことができます。キャニスター型の掃除機がひっかかることもなくなります。

❖スクイージー

スクイージーは、ゴムが取り替えられるタイプと、取り替えられない一体型があります。うちは業務用のゴムが取り替えられるタイプ。しっかりしていて耐久性があるので、何度もゴムを取り替えて使っています。

スクイージーの保管

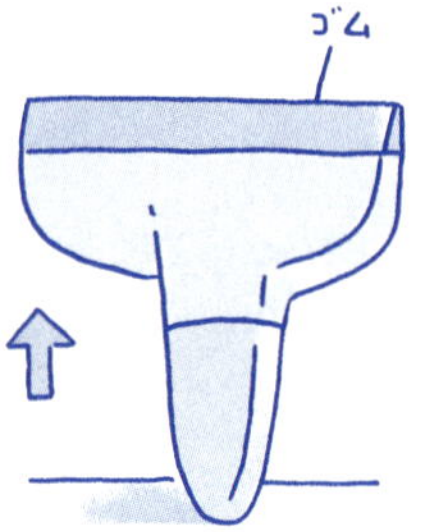

ゴムが劣下しないように、上にむけて保管しましょう。

そういう使い方をしたい場合は、100円ショップではなくホームセンターで探したほうがいいかもしれません。100円ショップのものは本体があまりしっかりしていないんです。100円ショップで買うなら、コンパクトな一体型を。ホームセンターで買うなら、少し大きめの、ゴムが交換できるタイプを。いずれの場合もなるべくゴムのやわらかいも

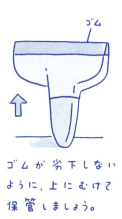

のを選ぶとよいです。

あとは、握りやすいこと、滑りにくいこと。

最近は「お風呂上がりにスクイージーをかけるのは男の人の仕事」というご家庭もけっこう多いようなので、主に使う人の手に合わせて選びましょう。

ゴムが劣化するので、置くときは必ずゴムを上にして置いてください。

❖たらい

うちは、たらいが三つあります。入浴中に使う洗面器がひとつ。ストッキングを手洗いしたり下着や靴下をつけ置きする用にもうひとつ。三つめはそれより大きいもの。いくつか大きさをそろえて持っておくといいですね。

シリコン製のものはあまりおすすめしません。熱に弱く、湿気のあるところに長期間しまっておくとべたべたしてくることがあります。ひんぱんに使うならいいのですが、そうでないとシリコンは劣化が早いんです。

最近は薄くて軽くて、強度のあるものがたくさん売っています。100円ショップよりホームセンターのほうが種類が多いかな。たらいを置いておくと場所をとるので、スペースがもったいないと思ったら、たらいを収納代わりにするのもいいですね。わが家では、大きいほうのたらいを洗濯ネットの収納に使っています。たらいが透明か半透明のものを選べば、中に何が入っているかわかります。

あと、ペットボトルを半分に切って置いておくと、ミニバケツのような感じで使えて便利です。たとえば、スニーカーの靴紐だけつけ置き洗いするとか、濡れたスポンジをちょっと入れておいたりとかに使えます。

5章

清潔さが、見栄えをつくる

捨てるのではなく、生かす

「新津さん、片付け上手になるにはどうしたらいいですか？」

そんな質問を受けることがよくあります。

「掃除」と「片付け」はきょうだいのようなもの。どちらが欠けても、清潔で居心地のいい部屋はつくれません。

ですが、実は私、片付けが大の苦手です。

ものが捨てられないんです。

私は洋服が大好きで、わが家のクローゼットは、お気に入りの洋服がぎっしり詰まっています。その中には、高校生のころに買った洋服もいっぱいあります。もう20年以上も前に買ったものですが、古いからといって簡単には捨てられないんですね。

捨てられないのは、思い出があるからです。

私は、高校生のときに中国から日本にやってきました。初めての東京暮らしは、見るもの聞くものが珍しくて、色とりどりのきれいな洋服に心が躍りました。一生懸命清掃のアルバイトをして、自分のお金で洋服を買いました。

「この服を買ったとき、うれしかったなあ」

「この服を着て、おばあちゃんと出かけたなあ」

そんな思い出が詰まっている服を捨てるのは、思い出ごと捨ててしまうようで、できないんです。洋服に限らずなんでもそうです。小さいときから一緒に寝ているぬいぐるみや、だんなさんが旅先で買ったご当地キーホルダーなども。夫婦ふたりともそんな性格なので、わが家はなかなか「断捨離」ができません（笑）。

「年をとると、昨日のことはすぐに忘れてしまうのに、昔のことは鮮明に覚えている」とよく言われます。懐かしい思い出は、今の自分を元気付けてくれる宝物。その思い出がよみがえるきっかけを与えてくれるのが、「思い出の品」なんですね。

思い出は財産。年をとったときに思い出がたくさんある人生は、豊かな人生だと思います。だから、楽しい思い出のものは、捨ててはダメです。

だって、その人の生きる支えになっているのですから。

私がこういう考え方なので、「片付けが苦手で困っています」と相談されたときには、まず、「無理に捨てなくていいですよ」と答えます。そうすると、年配の方などは、すごく安心されるんですね。

ただし、思い出しもしないような不要なものまで溜め込んでおくのは、体に贅肉や老廃物を溜め込んでいるのと同じ。それでは、「代謝のよい暮らし」とは言えません。

ものが多くても、清潔に、気持ちよく暮らすにはどうするか。

私は、すべてのものが「現役」であることだと思います。

わが家のクローゼットにある、十年ほど前に買った洋服。奥のほうにしまいこまれているわけではありません。それらも、最近買った洋服と同じように、きちんと洗濯されて、「さあ、いつでも登板できますよ！」という状態で出番を待っています。

捨てられないからといって、段ボールに入れたまま、それがあることすら忘れているようなものは、「現役」とは言えないと思うんですね。

もちろん、人によって「キャパ」があります。自分が管理できる範囲でものを持つことが大切。「自分のキャパを超えたな」と思ったら、少しずつ減らすことを考えましょう。

家の中にあるものを全部「現役」で活用してあげること。

片付けに大切なのは、ものを捨てることではなく、ものを生かすことだと、私は思います。

清潔であることが見栄えをつくっていく

先日、女性同士の井戸端会議でのことです。

主婦歴40年のある女性が、こんなことを言いました。

「いまだに毎日、娘が脱いだものを拾って歩いているようなものなのよ。嫌になっちゃう」

その方には娘さんが2人いて、下の娘さんは結婚して家を出ています。現在は、だんなさんと上の娘さんとの3人暮らし。

上の娘さんは地元の銀行で働いているそうですが、毎晩、娘さんが帰ってきたあとに部屋をのぞくと、ジャケットはソファの背、スカートはベッドの上、靴下は床……という具合で、洋服が脱ぎっ放し。「疲れているのはわかるけど、いい年をしてこれでは恥ずかしい」と、母親としては心配なのだそうです。

お母さんの心配をよそに、娘さんはケロッとして冷蔵庫から缶ビールを取り出し、「ぷはぁ！」とご満悦だそうで、今どきの娘さんだなあとおかしくなってしまったのですが、「どうしたらちゃんと整理整頓するようになるんでしょう」と相談されて、改めて「整理整頓」について考えることになりました。

新津流の整理整頓術は、とてもシンプルです。

① 毎日使うものは、手の届きやすい場所に。
② たまにしか使わないものは、奥や、高いところに。

基本的なことなので、「うちもそうしています」という方もきっと多いのではないでし

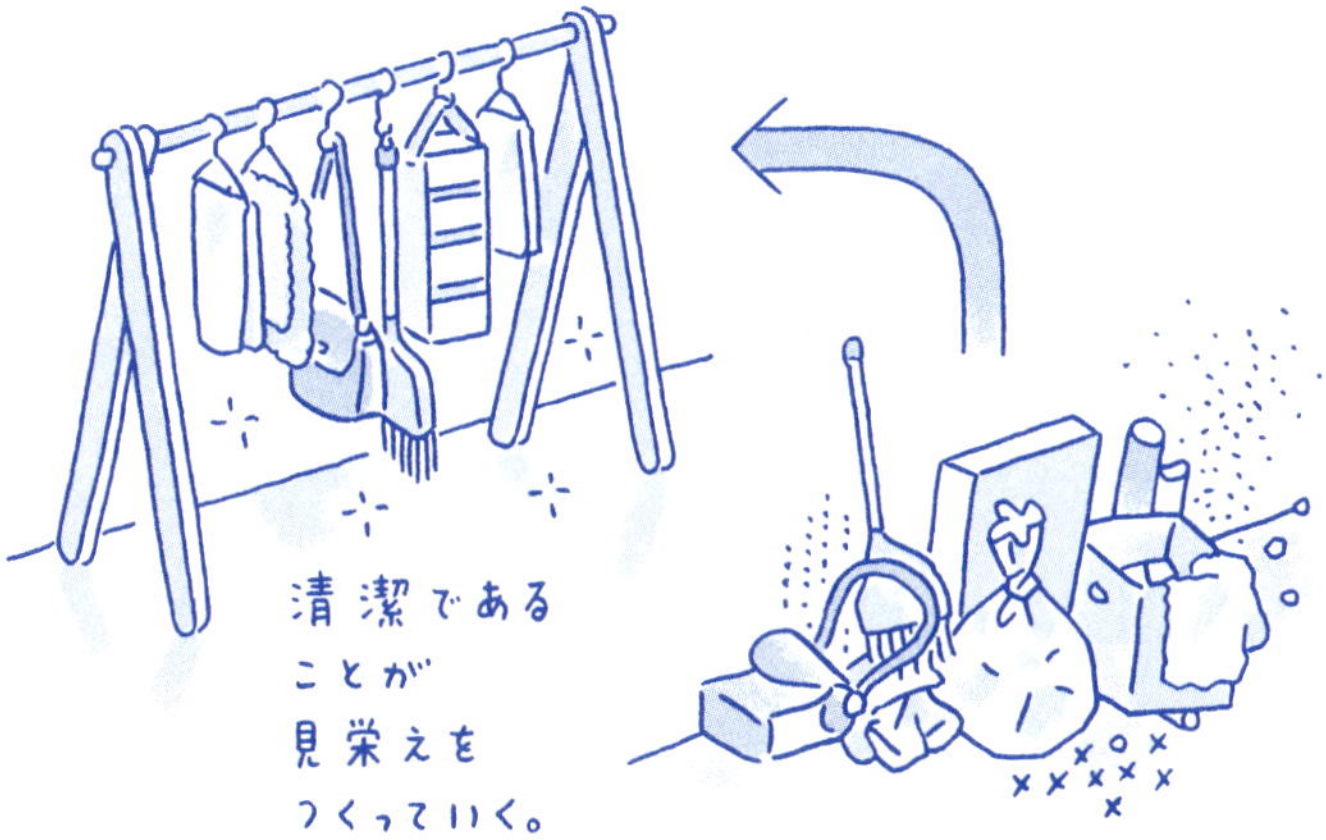

ょうか。同じようにしているのになぜかものが散らかってしまうという場合。そういう方のご自宅とわが家を比べてみると、①の部分がちょっと違うのかな、と思うことがあります。

というのは、私の場合、「手の届きやすい場所」と言ったときに、「目に見える場所」という意味が含まれているんです。

たとえば、先ほど触れましたが、わが家では、掃除機は常に、すぐ使える状態で居間のすみに置いていています。毎日使うものですし、「あそこのほこりが気になる」と思ったときにもパッと手に取れます。いつも視界に入る場所に置いてあると、掃除機をかけることの心理的なハードルが下がるんですね。

目に見える場所に置いておくことには、もうひとついいことがあります。

それは、使ったあとに、元の場所に戻しやすいということです。

つまり、**「整理整頓」とは、「元の場所に戻す」ということなんですね。**

先ほどの、洋服を脱ぎっぱなしにする娘さんの場合。たぶん、どんなに立派なクローゼットをつくってあげても、ダメだと思います。

反対に、「ごく簡単なハンガーラックを買って、部屋の中に置いては？」とアドバイスしました。

目に見える場所に、とにかく吊るすようにするんです。見た目は多少よくないかもしれませんが、より簡単に手が届くところに、「戻すべき場所」をつくってあげるしかない。

なぜ世のお母さんたちが洋服の脱ぎっぱなしを口やかましく注意するかというと、だらしないということもありますが、何よりも健康によくないんです。

①床に置くと洋服がほこりを巻き込みやすい
②掃除機がさっとかけられない

③汗などで湿ったまま放置しておくと、黄ばみやにおいが生じる
④ひどいときはダニが発生して、ぜんそくや気管支炎などの原因になる

百害あって一利なし。

とにかく吊るしておけば、乾きやすくなる分、まだましです。

靴下などの小物用には、プラスチックのメッシュのカゴをラックの脇などに置いておきましょう。

ついでに、掃除機も見える場所に置くようにして、娘さんにも掃除機をかけるクセをつけてもらうといいですね。

私たちの目標は、モデルルームのような美麗な部屋をつくることではなく、自分の家を、清潔で気持ちよく暮らせるように保つことです。見栄えのよさよりも、取り出しやすさ、戻しやすさを優先して、ものの置き場所を決めることが大切なんです。

清潔であることが、見栄えをつくっていくのです。

行き先が決まらないものは「待合室」へ

私は、空港の待合室が好きです。

チェックインして保安検査場を通ると、待合のベンチが並んでいて、たくさんの人が自分の搭乗便を待っています。案内放送が流れると、人々は搭乗ゲートに集まり、飛行機に乗り込んで、それぞれの目的地へと出発していきます。

どこから来たかも、どこへ行くのかもバラバラな人たちが、同じ空間でいっときを過ごす。待合室はそんな場所だと思います。

え？　片付けと関係ないって？　これが、関係あるんです。

わが家のリビングには、3段のオープンラックがひとつ置かれていて、そこは、基本的には「何も置かない場所」です。

生活をしていると、「これ、もういらないけど、何かに使えるかもしれない」「捨てる前にもうひと仕事できる」というものが出てきますよね。

包んだり拭いたり、何かと便利な新聞紙やチラシ。

誰かに何かちょっと渡すときに使いたくなるかもしれない、紙袋や包装紙。

今は忙しくて開封している暇がない銀行やクレジットカード、保険などの明細書。

ダイレクトメールも、中にセールのお知らせや割引券が入っていることもあるから、捨てる前にチェックしたい。

洋服も、そろそろ引退かな、もう1年ぐらいは現役で活躍できるかな、と迷う時期がありますよね。

いずれ家庭ゴミとしてわが家から旅立っていくんだけど、今すぐには決められない。もう少しだけ、ここにいてほしい。そういったモノが発生したときに、このオープンラックに置きます。

つまり、「いらなくなったものの待合室」なんです。

そうして、1カ月に一度整理・分別して、それぞれの行き先を決めてやるんです。

紙類以外にも、いろいろあります。

たとえば、ペン立てに、書けるペンと書けないペンが一緒になっていて、ごちゃごちゃになっていること、ありませんか？

私はあります。

インクが切れて書けなくなっているんだけど、芯を替えれば使えるし、気に入っているので、捨てるのは惜しい。そう思ってペン立てに入れたままにしているんだけど、替え芯を買いに行くのをついあと回しに。

結局、書けるのと書けないのがごっちゃになったままなので、パッと手にとったやつが書けなかったりして、「もう！」って（笑）。

そういうイライラを防ぐためにも、「あ、このペン書けない」と思ったら、「待合室」に移動してもらうんです。そうして、1カ月のあいだに替え芯を買ってくれば、ペン立てに戻す。そうでなければ思い切って捨てる。

わが家では、ラックのいちばん下の段に新聞紙とチラシ、真ん中の段にその他の紙類、いちばん上の段にボールペンなどの小さいものを置いています。

洋服などのかさばるものは、ラックの脇に大きめのボックスを置いて、そちらに入れてもいいかもしれません。

「とりあえずラック&ボックス」は、リビングや食堂などの目立つ場所に置いてください。待合室が人目につかない場所にあると、うっかり置いてきぼりにされてしまいますからね。

「探しものストレス」をなくそう

テレビのリモコンが効かなくなりました。

電池が切れたかな？　交換しなくちゃ。

乾電池の買い置きをしてあったはず……。

そんなとき、あなたの家では、乾電池をパッと取り出すことができますか？

どこに入れたかな、たしかここだったよな？　引き出しの中に手を突っ込んでゴソゴソ。あれ？　ここに入れていたと思ったんだけど……。結局見つからなくて、新しい乾電池を買いに行ったり。と思えば、数日後に思わぬところから見つかって、「無駄遣いをしてしまった」と後悔したり。そんな人も多いのでは。

一方で、いちいち探さなくてもパッと取り出せる人もいます。

私は両方のタイプの人に出会いますが、お互いに「どうしてそうなるの!?」と不思議がっているのがおもしろいところ。

何が違うのかなと考えると、しょっちゅうものを探している人は、分類ができていないんですね。

たとえば、例にあげた乾電池で考えてみましょうか。乾電池っておもしろくて、家庭によって置いてある場所がけっこう異なります。

電源タップや延長コードなど、電気関連のものと一緒にして、納戸や廊下の物入れに置いている人。

文房具と並べて、小物を収納するボックスに入れている人。

リモコンやゲーム機のコントローラーと一緒に、リビングのテレビボードの引き出しに入れている人。

ドライバーなどと一緒に工具箱に入れている人。

さらに、その工具箱を、下駄箱に置いている人もいれば、キッチンに置いている人もいます。

どれも、間違いではありません。

分類とは、要は、仲間ごとに分けてあげること。「乾電池は何の仲間か」を考えて、自分なりのルールを決めてあげればいいんです。

いつもものを探しているような人は、このルールがちゃんとしてないんですね。

あっちこっちの扉や引き出しを開けたり閉めたりしなくても、パッと見回せば、何がどこにあるかがだいたいわかる。そういう状態にしておけば、「探しものストレス」はかなりなくせます。

引き出しや戸棚の中をすっきりと整頓しておくこともポイントです。

たとえば、わが家では出窓の下の棚を一段分、電気関係のものを入れるために使っています。

・リモコンや体重計に使う単4電池
・毛玉とりに使う単3電池
・懐中電灯やガスレンジに使う単1電池
・万歩計に使うボタン電池

・洗面所、お風呂場、廊下、リビング、寝室などの電球各種

これ全部、大きさやかたちが違うんです。リビングの照明のように電球をたくさん使う照明器具もあるので、一度に10個ストックしているものもあります。

わが家は特に種類が多いかもしれませんが、それでも、廊下にちょっとおしゃれな照明をつけたりすれば、そのぶん買い置きの種類が増えますよね。

これらを雑然と棚や引き出しに放り込んでいると、結局その中に手を突っ込んでゴソゴソとかき回すことになってしまうんです。そうするとまたそれで「探しものストレス」が発生します。電池類だけでなく、ボールペンや消しゴムなどの文房具、印鑑や切手なども「ストレスのもと」になりがちです。

そうならないために、ケースやトレーを使って仕分けましょう。

透明や半透明のものを使うと、中に何が入っているか見えるので、なおよいです。

ケースやトレーは100円ショップのもので十分ですが、片付けるものの大きさに合わせて、大・中・小とそろえておくとよいでしょう。お菓子の空き箱がちょうどいい大きさ

だったりするので、利用することも多いです。空き箱なら、中に何が入っているかをマジックで書くこともできます。

工夫次第で「探しものストレス」は減らすことができるんです。

段ボール箱をためないコツ

60代、70代でもスマホを持っている人は珍しくなくなってきました。インターネットショッピングを楽しむ年配の方も増えています。

便利になる一方で、こんな声を聞くようになりました。

「家の中があっというまに段ボールだらけになって困るのよ」

その方のお宅では、それまでは段ボールといえば、年に一度田舎の親戚が送ってくれるみかん箱と、お中元やお歳暮の空き箱ぐらい。月に一度の回収で十分片付けることができていました。

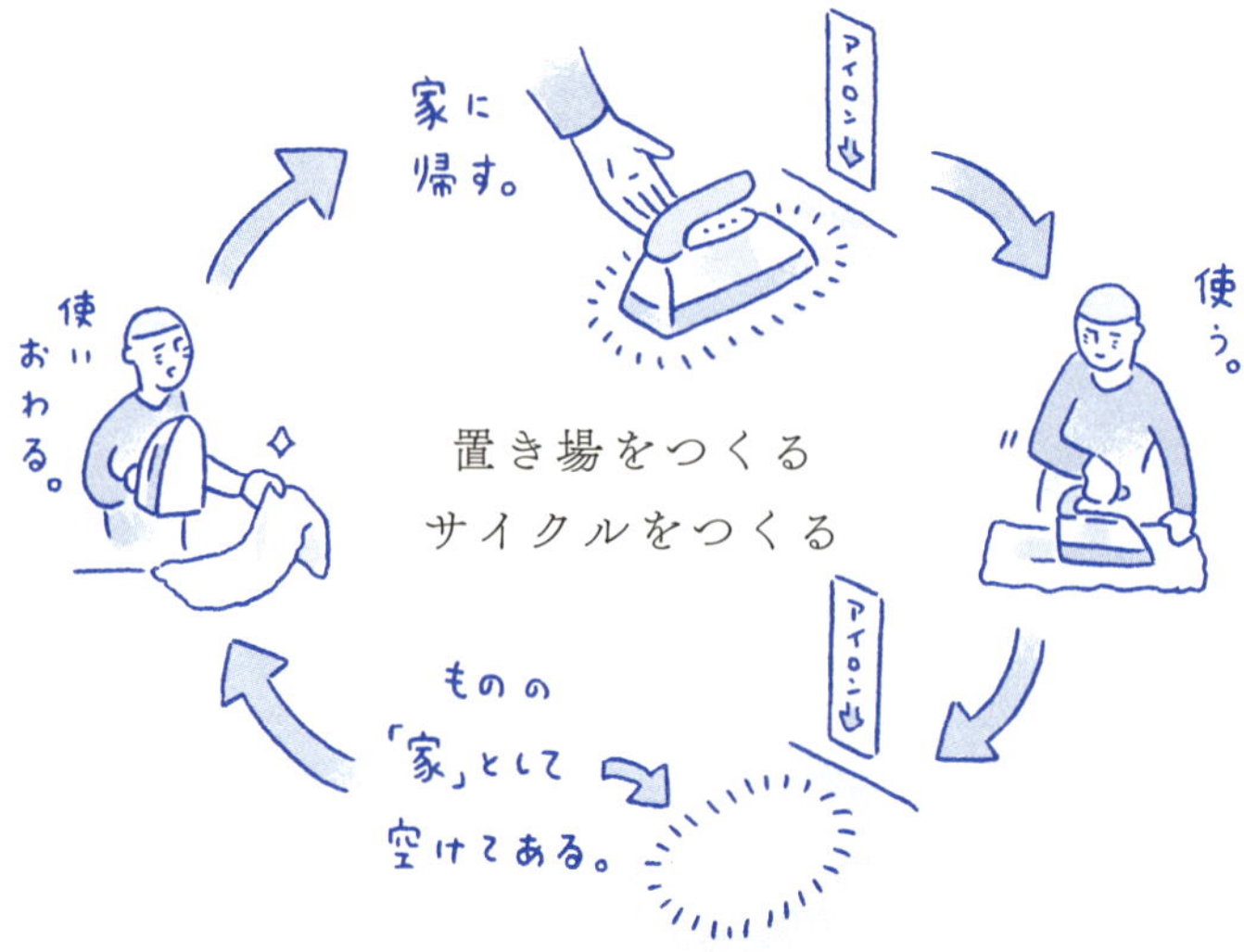

ところが、インターネット通販を利用し始めてからは、週に一度でも足りないくらいに。いちいちたたむのも面倒になって、部屋のすみに空き箱が積み上がっていると言うのです。

「新津さん、どうしたらいいですかねえ」と相談されたので、こんな質問をしてみました。

「段ボールをつぶすときに使うカッター、どこに置いてありますか？」

すると、リビングの整理ダンスの引き出しに他の文房具などと一緒に入れている、という答え。

「家の中に、カッターはそれひとつだけですか？」

「そうよ。ふたつ必要？」

それを聞いて、こんなアドバイスをしまし

た。

「文房具とは別に、段ボール専用のカッターをひとつ買って、いつも決まった位置に置いてください」

「え、それだけ？」と思うようなことですが、道具ひとつで作業効率が劇的に改善されることはよくあるんです。わが家では、廊下の棚の上に、カッターとビニール紐、ガムテープ、金具をはずす道具を、まとめて置いています。その脇には、ボールペンと三文判。

つまり、荷物の受け取りから、箱を開けて中身を取り出し、空き箱をつぶすところまで、一気にできてしまうというわけです。

テープやラベルをはがしたり、金具をはずしたりといった、こまごまとした地味な作業も、スペースがしっかり確保されているので楽に行うことができますし、たまった段ボールをまとめるときも、「あれ、ビニール紐どこだったかな」といちいち探さなくて済みます。

・道具の定位置を決める

・作業スペースを確保する

このふたつが、面倒な作業を楽にするコツです。

覚えておくと、いろんな場面に応用できます。

たとえばアイロンがけ。アイロンがけが好きになれないという人は、「道具の定位置」と「作業スペース」を見直してみてください。あれだけ面倒だったものが、楽にできる仕事に変わります。

さらに、「アイロン」「霧吹き」「アイロン台」などのように、名前を書いて、それぞれ決まった置き場所に貼っておくと、いっそう道具の管理がしやすくなります。

簡単なイラストを描いて貼っておくのもいいですね。

合理的な「箱ごと収納」

先日、実家にきょうだいたちがそろう機会がありました。姉、私、弟の3人きょうだい。両親に顔を見せて、みんなでごはんを食べましょうという集まりです。

弟一家もやってくると聞いて、私がお土産に準備したものがあります。

それは、大量のタオル。披露宴の引き出物や、内祝い、香典返しなどでいただいたもの、粗品や景品でもらったものなど。新品のまま使っていなかったタオルを、紙袋に詰め込みました。

私の弟は床屋を経営しているので、タオルはどれだけあっても困らないんですね。「はい、これ」と渡したら、「ありがとう、助かるよ」と受け取ってくれました。

こういうとき、「捨てられない性格でよかった」と思います。

私は、「ヤマザキ春のパン祭り」のようなキャンペーンでもらったお皿なんかも1枚も捨てずに棚にしまっているぐらいの「捨てない性格」ですから（笑）。

しょっちゅういただくのに使う機会があまりなくてたまっていくもの、ありますよね。

タオル類の他にも、シーツや毛布などの寝具類。

カップアンドソーサーや湯のみのセット。夫婦茶碗や夫婦箸。

カタログギフトで選んだ圧力鍋やフードプロセッサー。

たまったポイントで引き換えたホットサンドメーカー、なんていうものもあるかもしれません。

普段使いはしないけれど、質のいいものだったり、自分ではなかなか買えないものだったりして、捨てるには惜しい。

8客セットのカップアンドソーサーだって、夫婦ふたり暮らしには必要ないけれど、お客さんがきたときに使えると思うと、捨てられないんですよね。

年配のご夫婦の台所にホットサンドメーカーなんて必要ないと思うかもしれませんが、「孫たちが遊びにきたときにつくってあげたら喜ぶかな」と考えているかもしれない。

生活必需品でないものを捨てずにとっているのには、何かしらその人なりの思いがあると思うのです。だから、娘さん、息子さんは、「お母さん、そんなもの捨てちゃいなさいよ」と決めつけないであげてほしいのです。

箱ごと収納のポイント

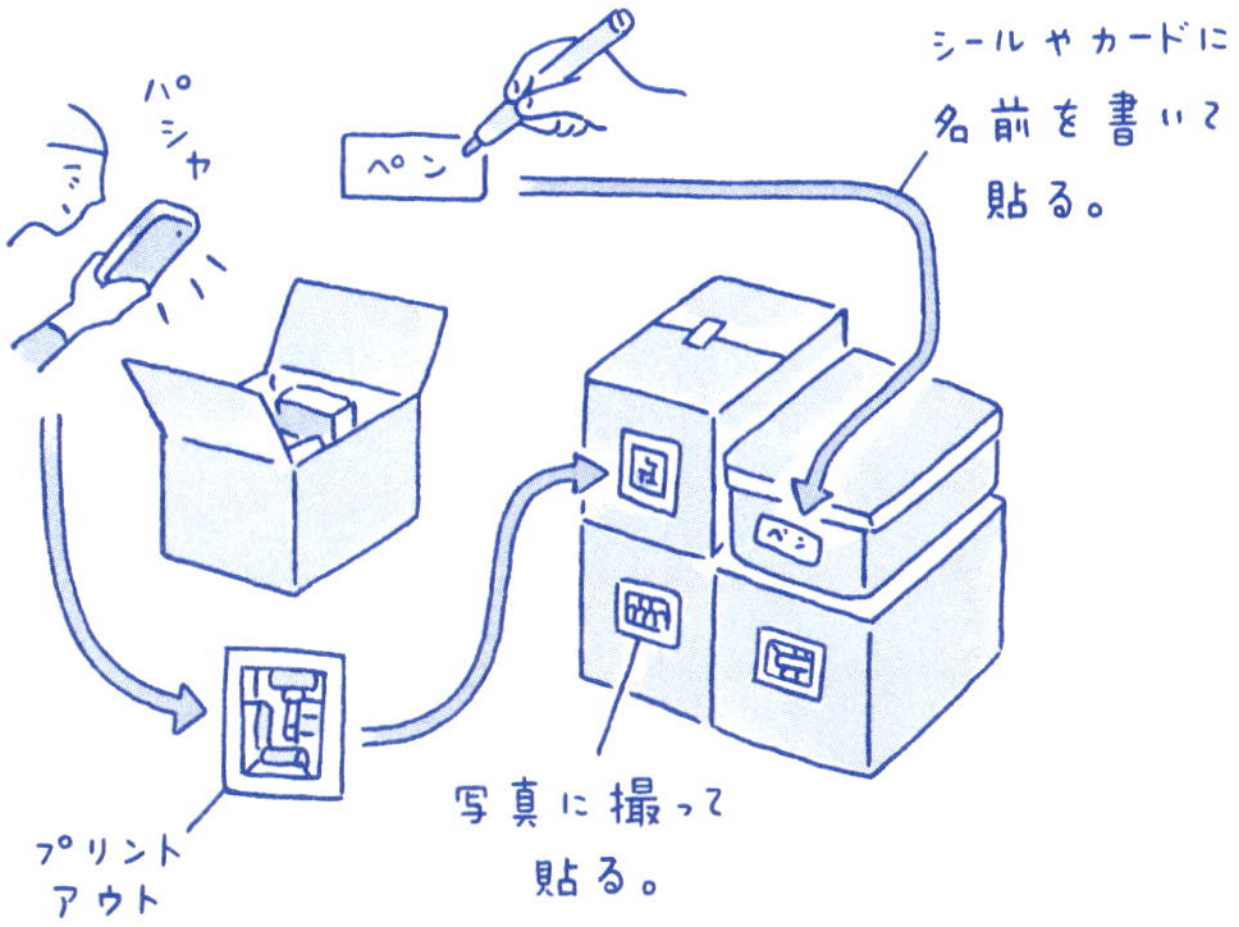

私がたっぷりと溜め込んでいたタオルだって、弟の役に立っているのですから！

一方、私と同じ「捨てられない派」の人は、「どうせ使ってないんでしょ」と言われないように、しっかり管理しておきましょう。

わが家ではどうしているかというと、「箱ごと収納」をしています。

出窓の下の収納スペースの扉を開くと、積み重ねた箱がずらり。

ベッド下の引き出し収納も、シーツや毛布が、やはり箱に入れたまましまってあります。

それだけだと中身がわかりませんが、写真を撮って箱の横に貼っているので、いちいちふたを開けなくても何かわかります。

「箱のままだとスペースを取るのでは!?」と

思う方もいるかもしれませんが、わが家では掃除のためにしょっちゅうものを出し入れするので、箱に入っているほうが動かしやすいんです。食器などの割れ物の場合は、箱に入っているほうが壊れにくいということもあります。

いちいち箱をつぶして処分するのが面倒というのもあるんですが（笑）、でも、商品についてくる箱を収納ボックスと考えれば、処分する手間も省けるし、一石二鳥ではないでしょうか。

棚にしまっているさまざまなものは、もったいないと思わずにどんどん使いますし、弟にタオルをあげたように、ほしい人がいればあげてしまうこともあります。

使う頻度の低いものの収納のコツは、

・出し入れしやすいこと
・一目見て何が入っているかわかること

そう考えると、「箱ごと収納」が合理的なんです。

今すぐできるバリアフリーとは

「年をとると何もないところで転ぶのよね」

冗談めかしてそうぼやくのは、知人の70代の女性です。数年前にリフォームしたご自宅をときどき訪ねては、お茶を飲みながらおしゃべりをする間柄です。

まだまだお元気なのですが、これからもっと年をとったときの生活を考えて、ドアをすべて引き戸にし、床の段差をなくし、階段や浴室まわりに手すりをつけるなど、バリアフリーにリフォーム。

「それなのに滑って転ぶのよ。嫌になっちゃうわ」

そう笑ってお話しされていましたが、同年代の方は共感できるのではないでしょうか。

私自身はまだその年ではありませんが、よくわかります。清掃の仕事をする上で、高齢の方の転倒防止はとても大切だからです。

高齢者の転倒の2大原因は「つまずく」と「滑る」です。

羽田空港の清掃では、

・通路にものを置かない
・床を濡れたままにしない

この二つを徹底しています。

私のポリシーは「清掃はいちばん弱い人に合わせて行う」というものですから、健康な人の感覚で「この程度のものならよけられるだろう」「少し水分が残っているけどこれくらいなら大丈夫だろう」と考えるのは全部×（バツ）、やり直しなんです。

以前、空港でこんなことがありました。

ご高齢のご婦人をご案内したときのことです。杖をつきながらゆっくりと歩いていたのですが、その方が「怖い」と言うんですね。でも、見渡しても、障害物になりそうなものは特にありません。不思議に思って「何が怖いですか？」と聞くと、「点字ブロックが……」とおっしゃるのです。脚力が弱っていて足を擦《す》るように歩くので、あのでこぼこを乗り越えられるかどうかを心配していたんですね。

点字ブロックが怖いなんて想像したこともなかったので、それ以来、「お年寄りはわずかな段差でも緊張する」ということはいつも頭の中に置いておくようになりました。

一般のご家庭でも、安全かどうかを見直すときは、ご高齢の方、体の弱い方の気持ちになってみることが必要でしょう。

そうすると、階段などの大きな段差よりもむしろ敷居などの小さい段差のほうがつまずきやすいとか、カーペットのふちで滑りやすいなど、気をつけたいポイントが見つかると思います。

それからもうひとつ、注意してほしいことがあります。

それは、「床にものを置かないこと」です。

せっかくバリアフリーにリフォームしても、床にものが置いてあると、そのものが「バリア（障がい物）」になってしまうんです。

床にものを置かない

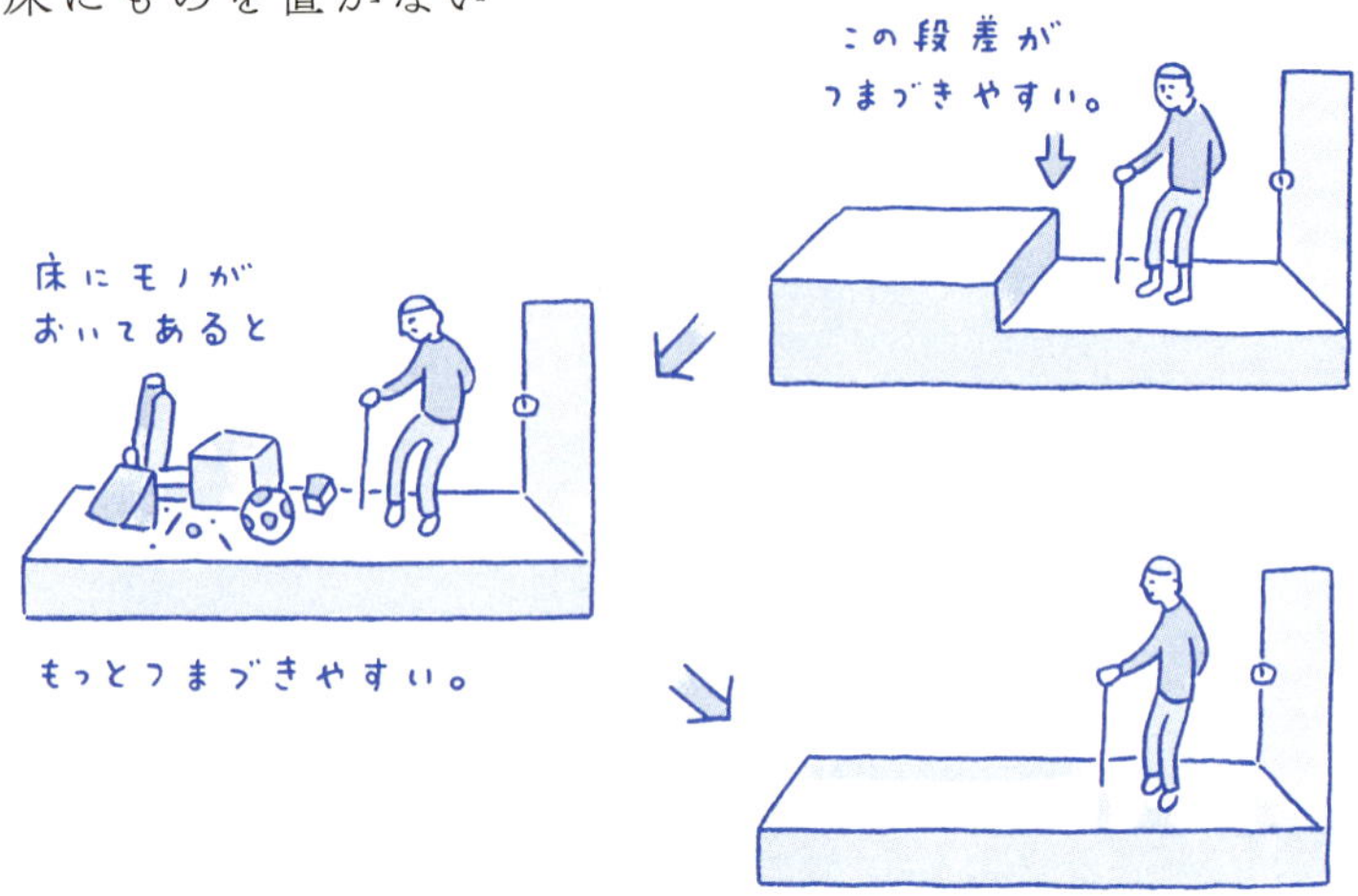

床に投げ出されたままの新聞紙。

しまい忘れのタオル。

置きっ放しの爪切り。

若いうちはひょいっとよけられるようなものでも、視力が落ちていたり、脚力が弱っていたらどうでしょう。うっかり踏んづけて、転んでしまうかもしれません。

バリアフリーとは、段差をなくしたり、手すりを取り付けたりすることだけではありません。家の中を動くのに障がいになるものを取り除くこと。安心して家の中を動き回れるようにしておくこと。それも立派なバリアフリーなんです。

床にものを置かない。

衛生的にも、美観の面からも基本中の基本

ですが、安心・安全のためにも必要だということを覚えておいてくださいね。

杖や車椅子などの点検

先日、とある駅の改札を入ったところで、人がしゃがんでいるのを見かけました。どうしたのかなと思って見ると、目の不自由な方らしく、すぐ脇の地面に白杖が四つ折りになって置かれていました。その方は白杖に手を伸ばして触り、組み立ててまっすぐにしていました。トラブルかなと一瞬思いましたが、隣に介助の方もいて、ほどなく立ち上がり、ホームのほうに歩いていきました。

それだけの出来事なのですが、そのとき、もし出先で白杖が折れたり壊れたりしたら、目の不自由な人はものすごく怖い思いをするだろうなと思ったんです。

目の不自由な方の白杖や、脚の不自由な方の杖や車椅子。障がいのある方やお年寄りにとって、それらの道具は「命」なんですね。

杖や車椅子は消耗品です。毎日使うものですから、杖の先にはめるゴムキャップなどは、けっこう早くすり減ります。外出中に割れたり、とれてしまったりすると大変です。

車椅子も、石畳のようなガタガタした道を移動すると、振動で前輪のネジがゆるんだり、ひどいときははずれてしまったりすることもあります。

介助者が一緒にいれば多少心強いですが、ひとりで外出しているときに故障をしたら、本当に不安な思いをすることになります。

ネジがゆるんでないかな。ハンドリム（車椅子を手で漕ぐときに握る部分）は手の脂で汚れて滑りやすくなってないかな。杖の先につけるゴムは劣化していないかな。そういったことをチェックしながら、タオルで拭いていく。掃除と点検を同時に行っていくといいと思います。

と言っても、使っているご本人たちは言われるまでもなく定期的にお手入れされていると思うんですね。うちの会社にも車椅子で通勤している社員がいますが、彼の車椅子もいつもピカッとしています。

彼は30代で、車椅子テニスを楽しむスポーツマンです。

彼は自分で車を運転して出勤します。会社の駐車場に着くと、後部座席から車椅子を取り出して、自力で乗り移ります。社内の移動も慣れたもので、不自由なく生活しているように見えます。ですが、あるときふと、「雨の日はどうしてるんだろう」ということが気になりました。

彼に尋ねてみると、「濡れるしかないんです」という答え。考えてみればそうですよね。自分で漕ぐのですから、傘を差すわけにもいきません。

雨水は酸性ですから、金属の部分が雨に濡れたらきちんと拭き取らないと、錆びてしまいます。雨に濡れたシートも水拭き、乾拭きをして、しっかりと乾かさないといけないですし、明日また使うときはドライヤーをあてたりもしなければいけません。

雨が降っただけでそれほど大変なのです。やはりまわりの人間がサポートしてあげることは必要なんだなと思いました。

体が不自由であるために、外へ出かけるのを不安に思ったりすることもあるかもしれません。でも、杖や車椅子などをピカピカに磨いていれば、外の空気を吸いたい気持ちになることもあると思うんです。

自分のできる範囲で、手の届くところだけでもピカピカにしてみる。届かないところはまわりが助ける。杖や車椅子の点検も、本人が行うだけでなく、まわりも気をつけて見てあげる。そんなふうにすると、人生がまた少し輝くのではないかなと思います。

ちょっとした違和感に敏感になろう

都内のマンションで、ふたりで暮らしているご夫婦のお宅へうかがったときのことです。ベランダへ出ようとしたのですが、扉が重い。レバーを下ろすことはできるのに、グッと力を入れて引っ張らないと開きません。

「この扉、ずいぶん重いですねえ」

そう言うと、当人たちも、

「そうなんだよ、いつもそう思うんだけどね」

と言います。

「原因は調べました？」

「ううん。そのままにしてる。開かないことはないし」

それを聞いて私は、その場でビス（小さいネジ）を全部チェックしました。そうすると、案の定、金具を止めるビスがひとつ、ゆるんでいました。

ドア枠に小さく、ガリガリと傷がついているところがあって、「どうしてこんなところが削られているんだろう？」と思って見てみると、ちょうどその反対側の部分についているビスがゆるんで、出っ張っていたんですね。ドライバーを借りてビスを締め直すと、ドアはスムーズに開け閉めできるようになりました。

「新津さん、すごい！」

と感謝されましたが、全然すごくないです（笑）。

ちょっと重いとか、軋《きし》むといったような、「あれ？　いつもと違う」という違和感を覚えるときは、必ず何か原因があるんですね。

ところが、多くの人はあまり気にしません。

それってよくないと思うんですね。「あれ？」と思ったときに調べてみるとか、行動に移すことをおっくうがると、家そのものが少しずつ老化していってしまうんです。

別の人からは、こんな話を聞きました。

あるとき、部屋の片隅に何か小さい、焦げ茶色の金具が落ちていたのですが、どこからきたものかわからなかったので、深く追求せずに、そのまま捨ててしまったのだそうです。

私の性格からしたら、「なんで⁉　ちょっと確認すればわかるじゃない！」と思うのですが（笑）とにかくその人は、よく調べずに捨ててしまった。

数日後、クローゼットの折戸を開けたら、上のほうがグラグラする。見てみると、上下に二ついている蝶番《ちょうつがい》の、上のほうが取れていた。そこではじめて、「あれは部品だったんだ！」と気づいたのだそうです。

結局新しいのを買ってきて付け替えたそうで、「めんどくさがっていたら、余計にめんどうなことになりました」と本人は笑い話にしていましたが、私は、折戸が倒れてきたりしなくてよかったと思いました。

私たちのおじいさん、おばあさん世代は、ちょっとした家の修繕は自分たちで行っていました。棚がぐらついたら直したり、ドアや引き出しの取っ手を取り替えたり。考えてみれば、もともと日本の家は、障子や襖を張り替えたり、畳を入れ替えたりすることを前提につくられていたのですよね。

そうやって、家を安全で、健やかな状態に保っていたのだと思います。

家の中のものはどうしても、ゆるんだり、壊れたり、錆びついたりしてきます。

「あれ、いつもと違うな」という最初の違和感に敏感になってください。

安全安心は笑顔のもと

安全に暮らす上でとても大切なのが、手すりです。

若くて健康なうちはわからないけれど、年をとったり、病気やけがをしたりすると、その大切さがわかります。ちょっとしたところに取り付けてある手すりがどんなにありがたいことか。高齢の方は、私たちが想像する以上に手すりを頼りにしているのですね。

それを実感する、こんな出来事がありました。

あるお宅にうかがったときのことです。その家のおじいさんは脚を悪くしていて、車椅子は使わないまでも、杖や手すりで体を支えながらでないとうまく歩くことができません。そのため階段にも手すりが取り付けてあるのですが、いちばん上の金具がぐらぐらしていたのです。

私は驚いて思わず、

「ちょっと待って、これ危ないですよ」

と声を上げてしまいました。

「これ、毎日使っているんですか？」

と聞くと、

「ダイニングが2階にあるから、昼食のときだけは運動のつもりでがんばって階段を上っている」

という答え。

それにしたって、こんなにぐらぐらするものかしら？

そう思った私は、「いつもと同じように階段を上ってみてくれますか」とお願いしてみました。

見ていると、いちばん上の一段を上りきるときに、手のひらを手すりの先端に引っかけるようにして、ぐっと力を入れて体を引き上げているのがわかりました。そしておじいさんは「痛てて……」と手をさすっています。

それで「ああ」と納得しました。手すりの長さが足りていなかったのです。本来は、階段部分の斜めの手すりと踊り場部分の水平の手すりはゆるやかにつながっていなければいけないのに、階段部分の手すりの長さが足りていないから先端を握ることになってしまう。全体重をかけるからビスがゆるみやすくなり、手のひらも痛くなるというわけだったんですね。

気づいた以上、そのままにしておくことはできません。家じゅう探して使えそうなビスを見つけ、その日のうちに手すりを取り付け直しました。取り付ける位置も、踊り場に届くようにずらして取り付けました。

試しにもう一度おじいさんに階段を上ってもらうと、

「ちょうどいいですよ！　新津さんすごいね、ありがとう」

と言って、とても喜んでくれたんです。

そのときの顔が本当にうれしそうだったんです。

「これで安心して階段を上れるようになるよ。運動だと思ってがんばるよ」

と言ってくれて、私も本当にうれしかった。

家の中が安全で、安心だと思えるだけで、人はこんなにぱーっと明るい表情になれるんだと思いました。

高齢のお父さんお母さんを持つ息子さん、娘さんは、お父さんお母さんが暮らす家の中に危険がないかどうか、気をつけてこまめに見てあげてほしいと思います。ＤＩＹの心得のある人なら、ビスがゆるんでいたらきゅっと締め直したり、テーブルや棚がぐらついていないか確認したり。家具の転倒防止器具を取り付けることも大切だと思います。

もちろん、年配の方ご自身も、自分でできることは自分でやってみてください。自分でやってみると、家の中のどこに危険が潜んでいるかがわかるようになるし、体を動かすことが健康にもつながるし、一石二鳥なんです。

ただし注意点があります。手すりの取り付けをＤＩＹで行う場合、壁の強度が十分にあるかどうかを必ず確認してください。一般的な石こうボード壁は、強度が不足することが多いので、必ず壁の裏にある柱を利用して、柱にビスやネジを打ち込むようにしましょう。

自信がないときは無理に自分で行わず、専門の人にお願いしてくださいね。

暮らしを営む力

ハウスクリーニングの仕事を続けてきて、思うことがあります。それは、「いくつになっても、自分でできることは自分でやるという気持ちが大切」ということです。

年をとると、できないことが増えてきます。ふとんの上げ下ろしがしんどくなったり、古新聞の束が持ち上げられなくなったり……。

困っているご家庭にうかがって、家の人の代わりに掃除や片付けをして、「ありがとう」と言っていただけるのはとてもうれしいことです。単に「お仕事」なら、それでお金をもらって終わりでいいのかもしれません。でも私は、「それだけでいいのかな？」と思うんです。

70歳、80歳になって、住む家もお金もあって、いたれりつくせりの生活をしているのに、どことなく元気がない。目に力がなくて、昼間でもぼんやりしている。そんなおじいさん、おばあさんに会うと、お金さえもらえればいいとは思えないんです。

前の項で、あるおじいさんのお宅で手すりの修理をしたときのことをお話ししましたが、そのとき私は、おじいさんにあえて手伝ってもらいました。

「ちょっとそこを押さえていてもらえますか」

「そっちのビスを締めるのをやってもらえますか」

そうすると、「できた！」という喜びで、不安そうだった顔が明るくなっていくんです。次からは、ちょっとしたぐらつきなら、おじいさんが自分で修繕できるようにもなります。

年をとってもしあわせに暮らすためには、そういう「暮らしを営む力」を維持することが必要だと思うんです。

家族の立場からしたら、「何もしなくていいからそこに座ってて」と言うほうが簡単かもしれません。でも、「危ないから」「心配だから」といって年配の方に何もやらせずにいると、いざというときにひとりでは何もできなくなってしまうんですね。

それに、**「何もしなくていい」というのは楽なように見えて、いちばん疲れますよね。**

「できることが増える」ときに、お年寄りの顔は輝きます。

年をとると「いろんなことができなくなっている自分」を受け入れることが難しいときもあります。若いころから家のことをきちんとやっていた人ほど、納得できなくて落ち込むこともあるかもしれません。だからといって諦めるのではなく、「こうしたらできるんじゃない？」と考えてほしいんです。

ふとんが重いと思ったら「軽いふとんに買い替えてみようか」とか。あるいは、古紙回収が大変だったら、いっぺんに大量に出すのではなく、少ないうちにこまめに出すとか。自分の体力と相談して、できるように工夫する。「年齢に合った掃除や片付けのしかた」とはそういうことなんです。

これはできないけど、こうしてみたらどうだろう。

ここは人の手を借りるけど、ここは自分でやろう。

そんなふうに**「毎日、何かひとつ」暮らしのアイデアを考えてみること。**そんなことでも生活は明るくなるし、「生きる力」がわいてくると思います。

輝くおばあちゃんになりたい

最近は宅配サービスが発達して、日常のこまごましたものもすべて配達してもらえるようになりました。便利な世の中になりました。

でも私は必ず、買い物には自分で行きます。なぜって、人に頼んだら、運動にならないでしょう!?

私は、大きな川を渡った先にあるスーパーによく行きます。ちょっと遠いんですが、最寄りのスーパーよりもそちらのほうが安いので、週に一度の割合で買い出しに行きます。

決まって買うのは、お米、豆乳、ミネラルウォーター。

毎日食べたり飲んだりするものだから、少しでも安く買いたいんですね。豆乳は6パック入りを3箱。水は2リットルのペットボトルを3本。10キロの米袋。その他に食料品もありますから、とにかく重い。自転車の前カゴ、うしろカゴに段ボールを高く積み上げ、入りきらないときは背中のリュックに入れて、一気に運びます。

マンションの駐輪場から自宅まで運び上げるときは、いったん下ろしたらもう持ちたくないくらい重いので、段ボールを重ねて持ち上げると一気に上ります。途中で「もうちょっとがんばればうちに着く」って自分に言い聞かせて。「あと一歩！　あと一歩！　もうワンフロアだから！」

そう言うと「階段で上るんですか⁉」と驚かれるのですが、もちろんエレベーターは使いません。だって、運動するんですから！

自転車を漕いでちょっと遠くのスーパーに行くこと。

荷物を自分で運ぶこと。

これを続けていると、特別なトレーニングをしなくても、ある程度体力を維持できるんですね。クルマがないと買い物ができない地域に住んでいる方は別として、ある程度の町なかに住んでいるのであれば、買い物も運動と思って、楽しみのひとつにするといいのではないでしょうか。

それに、「**自分でできることは自分でやる**」ということには、いざというときのシミュレーションの意味もあるんです。

たとえば大地震などの災害が起きたとき。電気が止まってエレベーターが動かなくなったらどうするの？　ガソリンがなくてクルマが使えなかったらどうするの？　ガスが止まったらどうやってごはんを炊くの？　そこまで考えてほしいと思うんですね。

どんなに都会に住んでいても、「暮らしを営む力」の基本を忘れてはいけないと思います。日々工夫して、考えながら生活していれば、いざというときにその知恵によって助かるかもしれない。これは老若男女問わずあてはまると思いますが、特に年配の方に伝えたいんです。

最近、家の近くのホットヨガに通いはじめました。体を伸ばすこと、動かすことの気持ちよさを感じています。何はなくても元気で、健康でいること。そのことを胸に、これからも日々楽しんでいきたいと思います。

年をとっても「生きる力」に満ちている人。年だからと諦めるのではなくて、自分の人生を輝かせている人。そんなふうに生きてほしいと思うし、私自身もそんなおばあちゃんになりたいなと思います。

おわりに

最近、よく考えることがあります。

「60歳、70歳になったときに、どんなおばあちゃんになっていたいかな」

私は高校生のときに、生まれ育った中国から日本に、家族で移り住みました。それから32年になります。

当時、日本は中国に比べて「50年進んでいる」と言われていました。自分が食べたことのないような食べ物、見たこともないような洋服が溢れていました。高校生の私はすべてに興味津々。その気持ちはずっと、今でも変わりません。

そして、おばあちゃんになっても、この気持ちを持っていたいと思うんです。

清掃の仕事をはじめてからも32年になりますが、最近はご夫婦ふたり暮らしや、どちらかに先立たれてひとりで暮らしている方など、年配の方だけで暮らすご家庭が増えてきました。

年をとると、体のどこかを悪くしていたり、病気があったりして、若いときとまったく同じようにはいきません。お掃除もどうしても行き届かなくなって、汚れが定着してしまっていたり、においがとれなくなってしまっている家もあります。

娘さんや息子さんが訪ねてきて少しずつ掃除をしたり片付けたりしても、家じゅうをピカピカに、というところまでは難しいですよね。遠くに離れて暮らしていると、そもそもおじいちゃん、おばあちゃんのお家を訪ねるのはお盆とお正月だけ、という場合もあると思います。

そうやって、人との付き合いが減っていくと、自分の家をきれいにしておこうという努力をしなくなってしまうんですね。

私は清掃の仕事を通じて、そんなご家庭に接してきました。

でも、それで気づいたことがあります。おじいちゃん、おばあちゃんとおしゃべりしながら清掃をしていると、それまで「生きていてもいいことない」なんて言っていた方でも、**部屋の中が1カ所きれいになるたびに、顔が明るくなってい**

くんです。

うちにお経をあげにきてくれるお坊さんが、こんなことを言っていました。
「60歳、70歳はまだ若い。80歳でもまだまだ。90歳でようやくここまで来たかと思う。100歳になったらそろそろ少し考えてもいいかな」

要は、自分が天国に行く段取りのことですが、私は、「100歳まで生きる」を目標にしてもいいと思うんですね。そうすることで、今日一日を前向きに生きることができる。

今朝も、うちの会社の社長が、「おはよう」より先に「腰、痛いよ〜」と言うもんだから、「もう、何言ってるの！」とハッパをかけてしまいましたが、「あれができない、これができない」と諦めてしまったり、誰かがやってくれるのを期待するのではなく、「今日はこれができた」「明日はこれをやろう」というふうに、自分のモチベーションを上げていくこと。そのこと自体を楽しむのは、若くても、年をとっても、同じだと思うんですね。

もしも、「もう還暦を過ぎたから、いつ死んでもいいなあ」なんて弱気になっている人がいたら、私は、「この世にひとりしかいないあなたという人間を、もっと輝かせてほしい」と言いたいんです。

その力がお掃除にはある。それを私は信じています。

まずは1枚のタオルから、はじめてみましょう。

新津春子　にいつ・はるこ

1970年、中国瀋陽生まれ。
日本空港テクノ株式会社社員。環境マイスター。
17歳で日本に来てから、
32年以上清掃の仕事を続ける。
羽田空港国際線ターミナル、第1ターミナル、
第2ターミナルの実技指導者。
2018年にハウスクリーニング事業部門
「思う心」創設。
1997年全国ビルクリーニング
技能競技会1位。

清潔《せいけつ》な暮《く》らしは1枚《まい》のタオルからはじまる
年《とし》をかさねてしあわせになる手帖《てちょう》

2019年6月30日　第1刷発行

著　者　新津春子《にいつはるこ》
発行者　三宮博信
発行所　朝日新聞出版
〒104-8011 東京都中央区築地5-3-2
電話　03-5541-8814（編集）
03-5540-7793（販売）
印刷所　大日本印刷株式会社

ISBN978-4-02-331780-2　定価はカバーに表示してあります。